もっと知りたい
無印良品の収納

整理収納コンサルタント
本多さおり

高校生の頃から無印オタク。店舗スタッフをしていたことも。今では、我が家の収納の7割は無印良品のアイテムです。もはや好き、というより愛しています。

ⓐアクリル仕切棚、ⓑポリプロピレン追加用ストッカー、ⓒポリプロピレン追加用ストッカー・深型、ⓓポリプロピレン追加用ストッカー、ⓔポリプロピレンケース・引出式・深型、ⓕポリプロピレンメイクボックス、ⓖポリプロピレンケース・引出式・深型、ⓗポリプロピレンケース・引出式・深型、ⓘポリプロピレンケース・引出式ハーフ・深型

ⓙステンレスひっかけるワイヤークリップ

頼りになります、無印良品

無駄を省いた
シンプルなデザインに、
機能と美しさが
両立しているのが魅力。
私が好きな
古い家具とも、
すんなりなじんでくれる。
ポリプロピレン、
ステンレス、アクリル、
ラタンなど、素材を
そのまま活かした
商品たちは、
使って納得の良品。
生活道具に、
過剰な加工は
無用だということを
教えてもらいました。

ⓚ18-8ステンレスワイヤーバスケット2、ⓛ重なるラタン長方形バスケット・中、ⓜ重なるラタン長方形バスケット・小、ⓝアクリル収納スタンド、ⓞポリプロピレン追加用ストッカー・浅型、ⓟポリプロピレン追加用ストッカー ⓠポリプロピレン追加用ストッカー・深型

長く多くの人に
愛用されてきた
ロングセラー商品が豊富。
いつでも買い足しが
できる安心感は、
とくに収納用品を
選ぶ際は大きな利点に。
各シリーズの規格には
互換性があり、
パズルのように
カチッとはまる
気持ちよさがあります。

日本の住宅サイズに
合わせて研究されつくした
規格ゆえ、
住む環境が変わっても
ずっと使い続けられる
安心感があります。
実際に我が家にも
実家暮らし時代から
10年近くお世話に
なっているモノも。

私と無印良品

無印良品との出会いは、高校生の頃。プレーンなデザインに惹かれて使い始めたノートやペン、ペンケースなどの文房具でした。ちょうどその時期、実家の近くに店舗がオープンし、今に続く私の無印良品通いがスタートします。家の建て替えで6畳の自室を得て、必要なモノを揃えに無印良品へ。現在使っている収納用品のいくつかは、この時に揃えたクローゼットケースやパルプボードボックスです。10年以上経ち、活躍の場と用途が変わっても問題なく使えているのは、使い手の暮らしの変化に合わせやすい、付け足しすぎないシンプルなデザインのおかげであると思います。使い手の目線で考えられたモノづくり、私が無印良品に信頼を寄せるのは、一貫したその姿勢にあります。

結婚をして新しい暮らしがスタートした頃、近くの無印良品でアルバイトを始めました。2年ほどスタッフとして働き、その魅力を日々身近で感じることで、無印良品への興味はますます深まっていきました。入り口は小さな文房具でしたが、自分の暮らしに沿ってカスタマイズしやすい無印良品のアイテムには、今や衣食住のあらゆるシーンでお世話になっています。

中でも私にとって特別なものが収納用品です。そのバリエーションは感動に値する豊富さ。日本の住宅に使われている「尺」をもとに導き出された「外寸86㎝、棚幅84㎝」をモジュール（基本寸法）としてつくられるケース類は、どのような組み合わせでもぴたりと気持ちよく収まってくれます。サイズだけでなく、素材もポリプロピレン、硬質パルプ、ラタン、布、ステンレスなど多彩。形態も引出式だけで多種あり、それがムダに多いわけではなく、1つ1つにちゃんと入れるモノが想定されています。例えば、アクセサリーならポリプロピレンやパルプより中が良く見える透明なアクリルが便利。その使い勝手の良さをさりげなく示してくれるのが無印良品です。

ムダのないシンプルなデザインはどんな空間にもすんなりと溶け込み、後から買い足しても統一感は保たれ、飽きずに長く使える。そして、使い手の工夫次第で自分なりに進化させていけるところが他では得られない魅力です。

我が家の収納の7割は無印良品のアイテムで成り立っています。ここではその実例をできるだけ具体的にお伝えするとともに、収納の工夫やアイデアなどもまとめました。とは言え、収納には正解はありません。この本を手に取ってくださったあなたが、理想の暮らしを実現するためのヒント集としてお役立ていただけることを願っています。どうぞ、途中でひらめきが生まれた際には、本を置いて収納の見直しに着手してみてください。

整理収納コンサルタント
本多さおり

もくじ

＊本書で掲載している商品のうち、[p.14-01]のように
合番がついているものは「無印良品」で購入することができます。

"ラク"が生まれる整理収納の考え方

収納は、暮らしをラクにするための手立て。その家で、その部屋で、気持ち良く暮らすための準備です。

STORAGE METHOD

片付けは未来への投資

片付けを「散らかった部屋の後始末」と考えると気持ちはマイナスに傾いてしまいます。けれど、寝る前に料理に使ったツールをすべて元に戻しておけば、翌朝は片付いたキッチンですぐに料理が始められる。使った文房具を元の位置に戻しておけば、必要なときに探す手間なくすぐに使える…など、今やっている片付けは、ちょっと先の自分が「ラクになるための投資」と思えば、モチベーションは格段に上がるはず。"後始末"というハードルを外した先には、心地良い暮らしが続いています。

モノに支配されない

モノを買うことは、「収納すること」に直結します。収納がうまくいっても、モノが増えればそのシステムは崩れてしまいます。モノは毎日のように家に入ってきますが、毎日モノを捨てることはしません。大切なのは、モノを家に入れる時に徹底した厳しい目を持つこと。「本当に必要か」「似たものはないか」「今日から戦力になるか」と、モノと真剣に向き合ってみましょう。

「整理」「収納」「片付け」の関係

「整理」「収納」「片付け」には、それぞれ違う意味があります。「整理」とは、必要なモノ、不必要なモノを分類し、要らないものを処分すること。「収納」は、必要なモノを必要なときに取り出せるように収めること。つまり、収納＝システム作り。棚に無造作に入った状態は収納とは言えません。「片付け」は使い終えたものを決まった場所に戻すこと。日々の作業となる「片付け」をスムーズにするためには「収納」を、「収納」をしやすくするには、不要なモノを少ない状態にする「整理」が必要となります。

収納のハードルは低く低く

家族が片付けられないのは、収納方法に原因があることも。「片付けてくれない」と怒るのではなく、まずは収納の仕組みを見直してみましょう。ポイントは、自然と置いてしまう場所、普段通る動線上に、蓋や扉を開ける必要がなく、入れるだけの収納用品を設置してあげること。ムリなく片付けられるように、収納のハードルは、低く低くします。できないことを「しろ」と言っても無理なもの。ならば、手間をできる限り取り除き、「自然とできる」収納にするしかありません。家族へのやさしい気持ちで収納を見直してみてください。

収納は日々更新

収納には常にアップデートが必要です。実際に自分で毎日使っている中で、「これは手前の方が取り出しやすい」「上段に入れたけれど、使う機会が意外と多かった」など、気づくことは多々あるはず。その小さな滞りを見過ごさず、改善を繰り返すことで、生活は格段とラクになり、理想の暮らしへと進化していくのだと思います。

整理収納5ステップ

いつもの場所にモノがあり、探しモノもなく、戻すのも簡単。目指すはストレスフリーの収納です。

食器棚にゆとりはあるが、収納のルールが曖昧。

1 放置しない

整理収納の第一歩は、「アレがどこにあるかわからない」「毎日使っているモノがスムーズに取り出せない」などストレスを自覚すること。見なかった、気づかなかった、しょうがない、でスルーしてしまっては、進むことさえできません。どんな場所でも不便を感じたら、今より〝ラク〟な収納方法が必ず見つかるはずです。

2 全部出す

収納というと、収納用品や方法、場所に意識が行きがちですが、まず目を向けなければならないのはモノ。自分がどんなモノをどれだけ持っているかを把握することが大切です。そのためには、同じ種類のモノ（例えば食器）をすべて出して目の前に並べること。数か所に分散しているモノも1か所に集めます。

シンク上の吊り戸棚に収められていた食器もここへ。

その他の食器群。そのほとんどが使わないモノ。

右側2列がよく使う1軍、左側はときどき使う2軍。

3 分類する

出したモノを分類します。線引きは、「よく使うモノ」「ときどき使うモノ」「その他」。その他には、「今後使うだろうモノ」「使わないモノ」を。後者は処分を考えましょう。判断を迷ってしまう場合は、家族や友人の意見を参考にすると、意外とすんなり決められます。

4 収める

1軍のモノから優先的に、取り出しやすい場所を定位置に決めていきます。または、先にほとんど使わないモノを高い位置や棚の奥など、アクセスしにくい場所に収めていくと、消去法でプランニングがしやすくなります。「取り出しやすい」と「よく使う」がマッチしていることが大切です。

ゴールデンエリアの左側上段には1軍の中でも毎日級のものを。その下には残りの1軍を同じサイズ感どうしに仕分け、それに合わせて棚幅も変えます。主に2軍を集中させた右側下段にはコの字ラックを使って取り出しやすく。

5 可視化する

分類して収納場所が決まったら、何が入っているかがすぐわかるように、収納品を書いたラベルを貼って「可視化」をします。何をどこにしまうか忘れてしまわないように、誰もがひと目で理解できるようにラベリングすることで、出したモノを迷わず戻せるようにします。リバウンド防止にもつながります。

戻す際迷わないように、収納品も詳細に記入する。

この本で紹介する無印良品の収納アイテム

商品名／サイズ／価格／紹介ページと合番　＊縮尺率は実物とは異なります。

ポリプロピレン収納ケース・引出式・横ワイド・小
幅55×奥行44.5×高さ18cm／¥1,500／p.111、112［14-07］

ポリプロピレン収納ケース・引出式・小
幅34×奥行44.5×高さ18cm／¥1,000／p.101［14-04］

ポリプロピレンクローゼットケース・引出式・小
幅44×奥行55×高さ18cm／¥1,200／p.43、46、121［14-01］

ポリプロピレン収納ケース・引出式・横ワイド・大
幅55×奥行44.5×高さ24cm／¥1,800／p.111、112、123［14-08］

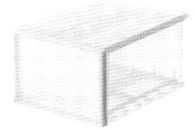

ポリプロピレン収納ケース・引出式・大
幅34×奥行44.5×高さ24cm／¥1,200／p.101、123［14-05］

ポリプロピレンクローゼットケース・引出式・大
幅44×奥行55×高さ24cm／¥1,500／p.43、46、122［14-02］

ポリプロピレン収納ケース・引出式・横ワイド・深
幅55×奥行44.5×高さ30cm／¥2,200／p.111、112［14-09］

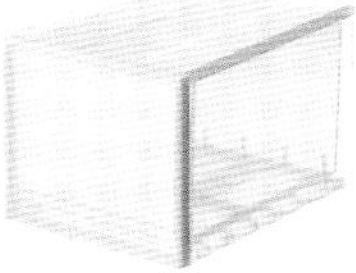

ポリプロピレン収納ケース・引出式・深
幅34×奥行44.5×高さ30cm／¥1,500／p.43、47［14-06］

ポリプロピレンクローゼットケース・引出式・深
幅44×奥行55×高さ30cm／¥1,800／p.122［14-03］

ポリプロピレンケース引出式・深型・2個（仕切付）
幅26×奥行37×高さ17.5cm／¥1,500／p.37、60、82［14-12］

ポリプロピレンケース引出式・薄型・2段
幅26×奥行37×高さ16.5cm／¥1,200／p.53［14-11］

ポリプロピレンケース引出式・横ワイド・深型
幅37×奥行26×高さ17.5cm／¥1,100／p.105［14-10］

ポリプロピレン衣装ケース引出式・大
幅40×奥行65×高さ24cm／¥1,500／p.122［14-15］

ポリプロピレンキャリーボックス・大
幅36×奥行51×高さ16.5cm／¥1,000／p.105［14-14］

ポリプロピレンケース・引出式・深型
幅26×奥行37×高さ17.5cm／¥1,000／p.29、37、60［14-13］

ポリプロピレン
スタンドファイル
ボックス・A4用
幅10×奥行27.6×高さ31.8cm／
¥578／p.25、101［15-07］

ポリプロピレン
スタンドファイル
ボックス・ワイド・A4用
幅15×奥行27.6×高さ31.8cm／
¥840／p.101［15-08］

ポリプロピレン
ファイルボックス・
A4用
幅10×奥行35.4×
高さ26cm／¥473／
p.97［15-04］

ポリプロピレン
ファイルボックス・
スタンダードタイプ・
A4用
幅10×奥行32×
高さ24cm／¥578／
p.65、88、101
［15-05］

ポリプロピレン
ファイルボックス・
スタンダードタイプ・
ワイド・A4用
幅15×奥行32×
高さ24cm／¥840／
p.88、89［15-06］

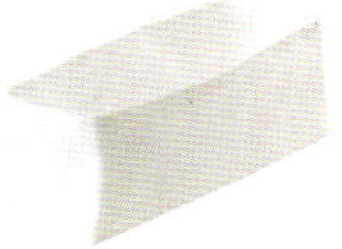

ポリプロピレンケース用・
不織布仕切ケース・小 2枚入
幅12×奥行38×高さ12cm／
¥400／p.46、121［15-01］

ポリプロピレンケース用・
不織布仕切ケース・中 2枚入
幅16×奥行38×高さ12cm／
¥500／p.46、112、121［15-02］

ポリプロピレンケース用・
不織布仕切ケース・大 2枚入
幅24×奥行38×高さ12cm／
¥600／p.112、121［15-03］

ポリプロピレン
デスク内整理トレー2
幅100×奥行200×
高さ40mm／¥200／
p.53［15-11］

ポリプロピレン
デスク内整理トレー4
幅134×奥行200×
高さ40mm／¥220／
p.53［15-10］

ポリプロピレン
整理ボックス1
幅8.5×奥行8.5×
高さ5cm／¥80／
p.49［15-09］

ポリプロピレン
小物収納ボックス
6段・A4タテ
幅11×奥行24.5×
高さ32cm／¥2,000
／p.86［15-16］

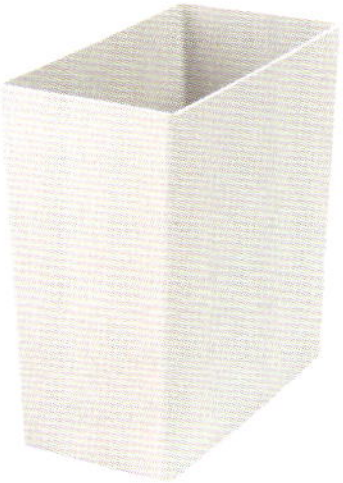

ポリプロピレン
ダストボックス・
角型
幅28.5×奥行15×
高さ30.5cm／¥700
／p.87［15-17］

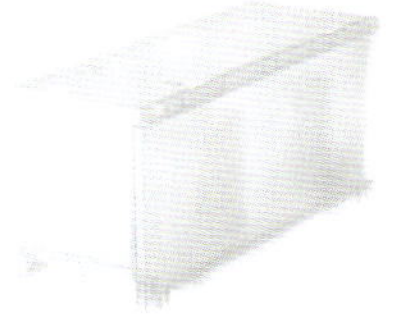

ポリプロピレンケース・引出式
ハーフ・深型・1個（仕切付）
幅14×奥行37×高さ17.5cm／
¥900／p.29、44、121［15-14］

ポリプロピレンケース・引出式
ハーフ・浅型・1個（仕切付）
幅14×奥行37×高さ12cm／
¥800／p.121［15-15］

ポリプロピレン
追加用ストッカー・深型
幅18×奥行40×高さ30.5cm／
¥1,200／p.30、31［15-12］

ポリプロピレン追加用ストッカー
幅18×奥行40×高さ21cm／
¥800／p.30、31［15-13］

ポリエステル綿麻混バッグホルダー
幅15×奥行35×高さ70㎝／¥1,500／p.92［16-10］

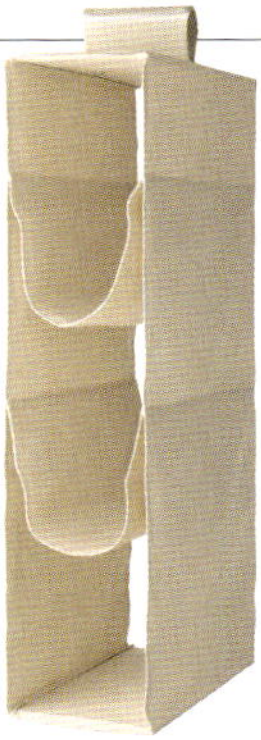

ポリエステル綿麻混小物ホルダー
幅15×奥行35×高さ70㎝／¥1,500／p.48［16-11］

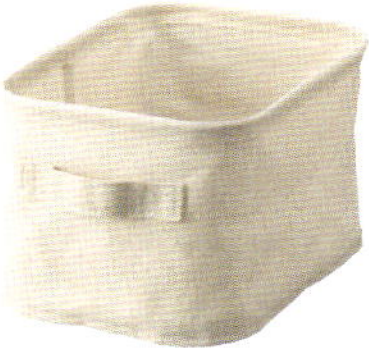

ポリエステル綿麻混・ソフトボックス・長方形・ハーフ・小
幅26×奥行18.5×高さ16㎝／¥800／p.90、99［16-08］

ポリエステル綿麻混・ソフトボックス・浅型・ハーフ
幅13×奥行37×高さ12㎝／¥700／p.92、112、121［16-09］

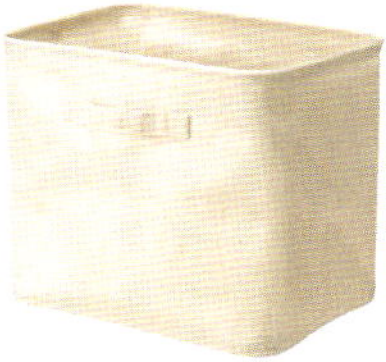

ポリエステル綿麻混・ソフトボックス・長方形・大
幅37×奥行26×高さ34㎝／¥1,400／p.84、85［16-14］

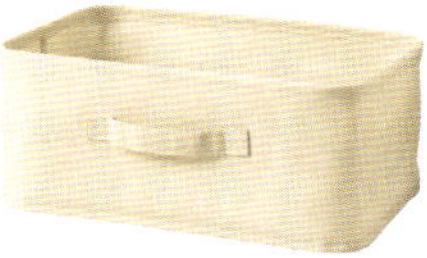

ポリエステル綿麻混・ソフトボックス・長方形・小
幅37×奥行26×高さ16㎝／¥1,000／p.84［16-12］

ポリエステル綿麻混・ソフトボックス・L
幅35×奥行35×高さ32㎝／¥1,500／p.85［16-15］

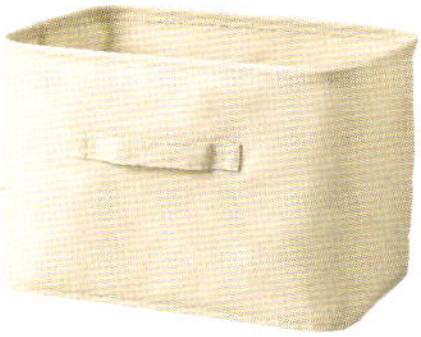

ポリエステル綿麻混・ソフトボックス・長方形・中
幅37×奥行26×高さ26㎝／¥1,200／p.101［16-13］

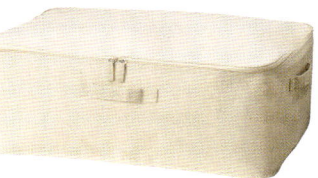

ポリエステル綿麻混・ソフトボックス・衣装ケース・大
幅59×奥行39×高さ23㎝／¥2,200／p.95、123［16-16］

ポリプロピレンメイクボックス・蓋付・小
幅150×奥行110×高さ103㎜／¥300／p.61［16-01］

ポリプロピレンメイクボックス・蓋付・大
幅150×奥行220×高さ103㎜／¥450／p.61［16-02］

ポリプロピレンメイクボックス
幅150×奥行220×高さ169㎜／¥450／p.29［16-03］

ポリプロピレンメイクボックス・1／2
幅150×奥行220×高さ86㎜／¥350／p.36［16-04］

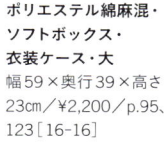

ポリプロピレンメイクボックス・1／2横ハーフ
幅150×奥行110×高さ86㎜／¥200／p.65、99、104、105［16-05］

ポリプロピレンメイクボックス・仕切付・1／2横ハーフ
幅150×奥行110×高さ86㎜／¥300／p.99、105［16-06］

ポリプロピレンメイクボックス・1／4縦ハーフ
幅75×奥行220×高さ45㎜／¥180／p.53［16-07］

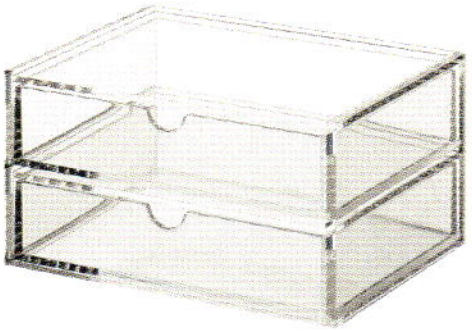

重なるアクリルケース2段・引出
幅17.5×奥行13×高さ9.5㎝／¥1,500／p.55［17-08］

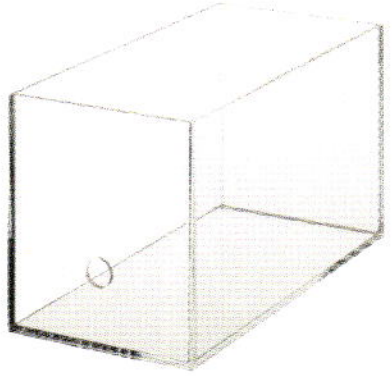

重なるアクリルCDボックス
幅13.5×奥行27×高さ15.5㎝／¥1,200／p.71［17-05］

アクリルレタースタンド
幅5×奥行13×高さ14.1㎝／¥500／p.86［17-01］

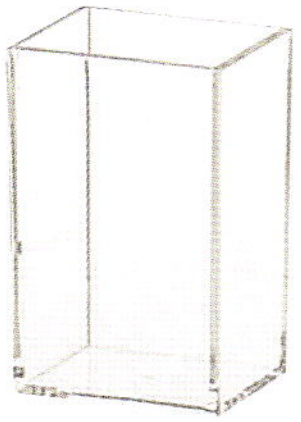

アクリルペンスタンド
幅5.5×奥行4.5×高さ9㎝／¥140／p.105［17-02］

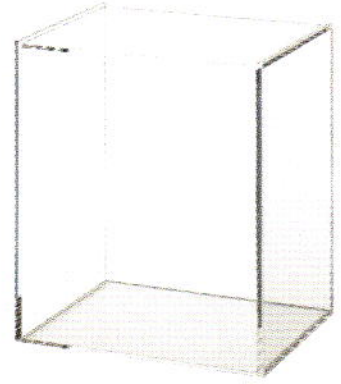

重なるアクリルDVDラック・ボックスタイプ
幅17.5×奥行13×高さ21㎝／¥1,500／p.97［17-09］

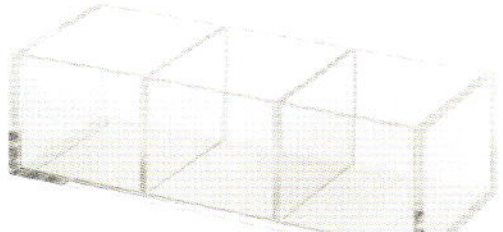

重なるアクリル仕切付スタンド・ハーフ・小
幅17.5×奥行6.5×高さ4.8㎝／¥500／p.97［17-06］

アクリルデスクトップケース・3段
幅8.8×奥行13×高さ14㎝／¥1,260／p.86［17-03］

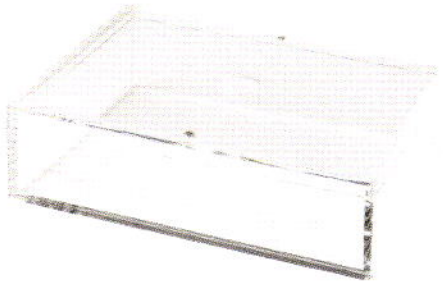

アクリルフォトハガキボックス（ハガキサイズ用）
幅16.3×奥行11.6×高さ5㎝／¥800／p.99［17-10］

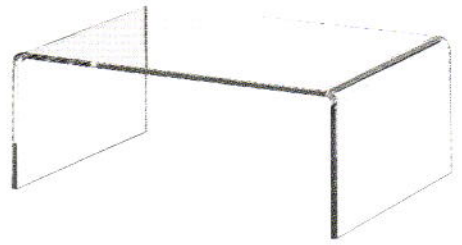

アクリル仕切棚
幅26×奥行17.5×高さ10㎝／¥540／p.27［17-07］

アクリル収納スタンド・A5サイズ
幅8×奥行17×高さ25.2㎝／¥1,200／p.53、91［17-04］

重なるアクリルケース用ベロア内箱仕切・大・ネックレス用・グレー
幅24×奥行16×高さ2.5㎝／¥840／p.99［17-12］

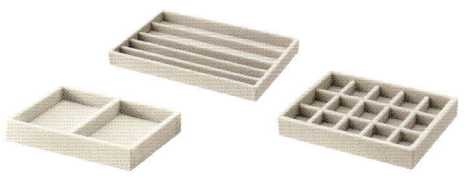

重なるアクリルケース用ベロア内箱仕切・縦・グレー
幅16×奥行12×高さ2.5㎝／¥400／p.55、99［17-14］

重なるアクリルケース用ベロア内箱仕切・格子・グレー
幅16×奥行12×高さ2.5㎝／¥1,000／p.99［17-13］

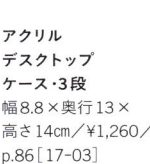

アクリルクリップボード・A4用
幅220×高さ310㎜／¥473／p.87［17-11］

硬質パルプボックス・引出式・2段
幅25.5×奥行36×高さ16cm／¥2,620／p.52［18-09］

硬質パルプボックス・引出式・深型
幅25.5×奥行36×高さ16cm／¥1,890／p.87［18-06］

硬質パルプボックス・フタ式・浅型・ハーフ
幅18×奥行25.5×高さ8cm／¥1,000／p.44［18-10］

硬質パルプボックス・フタ式・浅型
幅25.5×奥行36×高さ8cm／¥1,200／p.53［18-07］

硬質パルプ・ファイルボックス
幅13.5×奥行32×高さ24cm／¥1,500／p.45［18-11］

硬質パルプボックス・フタ式
幅25.5×奥行36×高さ32cm／¥2,170／p.35、37［18-08］

硬質パルプボックス・フタ式・深型・ハーフ
幅18×奥行25.5×高さ16cm／¥1,500／p.96［18-12］

重なるブリ材角型バスケット・大
幅35×奥行37×高さ24cm／¥2,000／p.44［18-13］

重なるラタン長方形バスケット・小
幅36×奥行26×高さ12cm／¥2,300／p.91、109［18-15］

ラタンボックス取っ手付・スタッカブル
幅15×奥行22×高さ9cm／¥1,500／p.48、49［18-14］

壁に付けられる家具・フック・タモ材／ナチュラル
幅4×奥行6×高さ8cm／¥800／p.101、111［18-01］

壁に付けられる家具・箱・幅88cm・タモ材／ナチュラル
幅88×奥行15.5×高さ19cm／¥4,800／p.55［18-02］

壁に付けられる家具・棚・幅44cm・タモ材／ナチュラル
幅44×奥行12×高さ10cm／¥1,900／p.98、103［18-03］

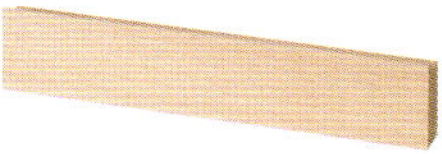

壁に付けられる家具・長押・幅44cm・タモ材／ナチュラル
幅44×奥行4×高さ9cm／¥1,500／p.85、104［18-04］

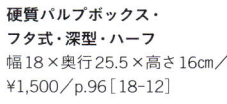

壁に付けられる家具・長押・幅88cm・タモ材／ナチュラル
幅88×奥行4×高さ9cm／¥2,800／p.82、111［18-05］

＊「壁に付けられる家具」は石膏ボードの壁でご使用の場合のみ、付属の専用固定ピンを使用可能。ネジで固定される場合には、別途ネジをご用意いただく必要があります。

アルミ フック
マグネットタイプ 小・3個
¥400／p.35、89［19-10］

ステンレスひっかける
ワイヤークリップ4個入
幅2.0×奥行5.5×高さ9.5㎝／¥400／p.64、66、90、91、102［19-11］

横ブレしにくいS字フック 大・2個
7×1.5×14㎝／¥680／p.61［19-12］

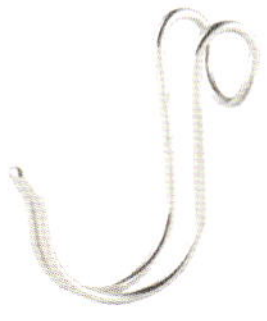

横ブレしにくいフック 小・3個
直径9×24㎜／¥350／p.82［19-13］

アルミS字フック・大
幅5.5×高さ11㎝／¥150／p.93［19-14］

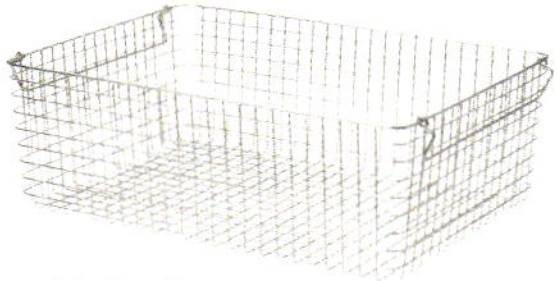

18-8ステンレス
ワイヤーバスケット6
幅51×奥行37×高さ18㎝／¥3,900／p.93、101［19-02］

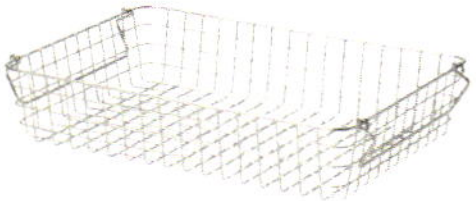

18-8ステンレス
ワイヤーバスケット2
幅37×奥行26×高さ8㎝／¥2,000／p.35、61、91［19-01］

スチール面に付けられるトレー
幅22×奥行6.7×高さ6.5㎝／¥1,200／p.35、104［19-04］

ポリプロピレン
密閉ダストボックス・L
幅37.5×奥行51.5×高さ33㎝／¥1,800／p.74［19-03］

スチールアジャスターポール・細・M／シルバー
長さ70〜120㎝、外径1.3㎝／¥945／p.93、104［19-05］

ナイロンリップストップ
風呂敷 ネイビー
縦100×横100㎝／¥1,100／p.94［19-08］

ナイロンたためる
仕分けケース・大 ネイビー
縦40×横53×高さ10㎝／¥950／p.94［19-06］

磁器ベージュ
キッチンツールスタンド
直径9×高さ16㎝／¥800／p.89［19-09］

撥水ナイロン・吊して使える
洗面用具ケース・大 黒
縦16×横19×奥行6㎝／¥1,300／p.85［19-07］

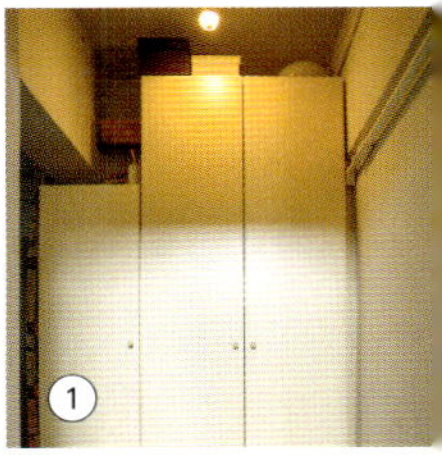

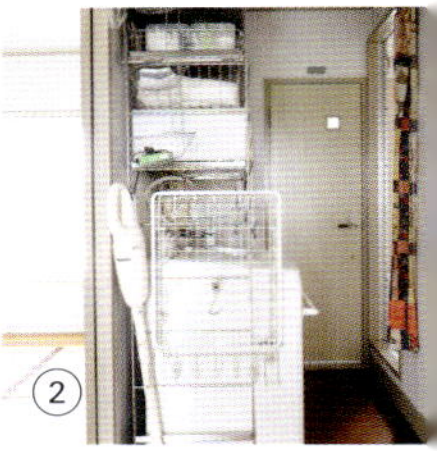

本多家間取り図

夫婦２人で暮らす我が家は、築40数年になる2Kの社宅。
２部屋とも畳で、収納は１間半の押し入れのみ。
実家を出て初めて住む家の収納が思いのほか狭く、
しかも収めるものは２人分。
その狭さと古さにはじめは戸惑いましたが、
この小ささからシンプルでラクな収納法が導かれてきました。
今では、この家に住めて本当に良かった、と思っています。

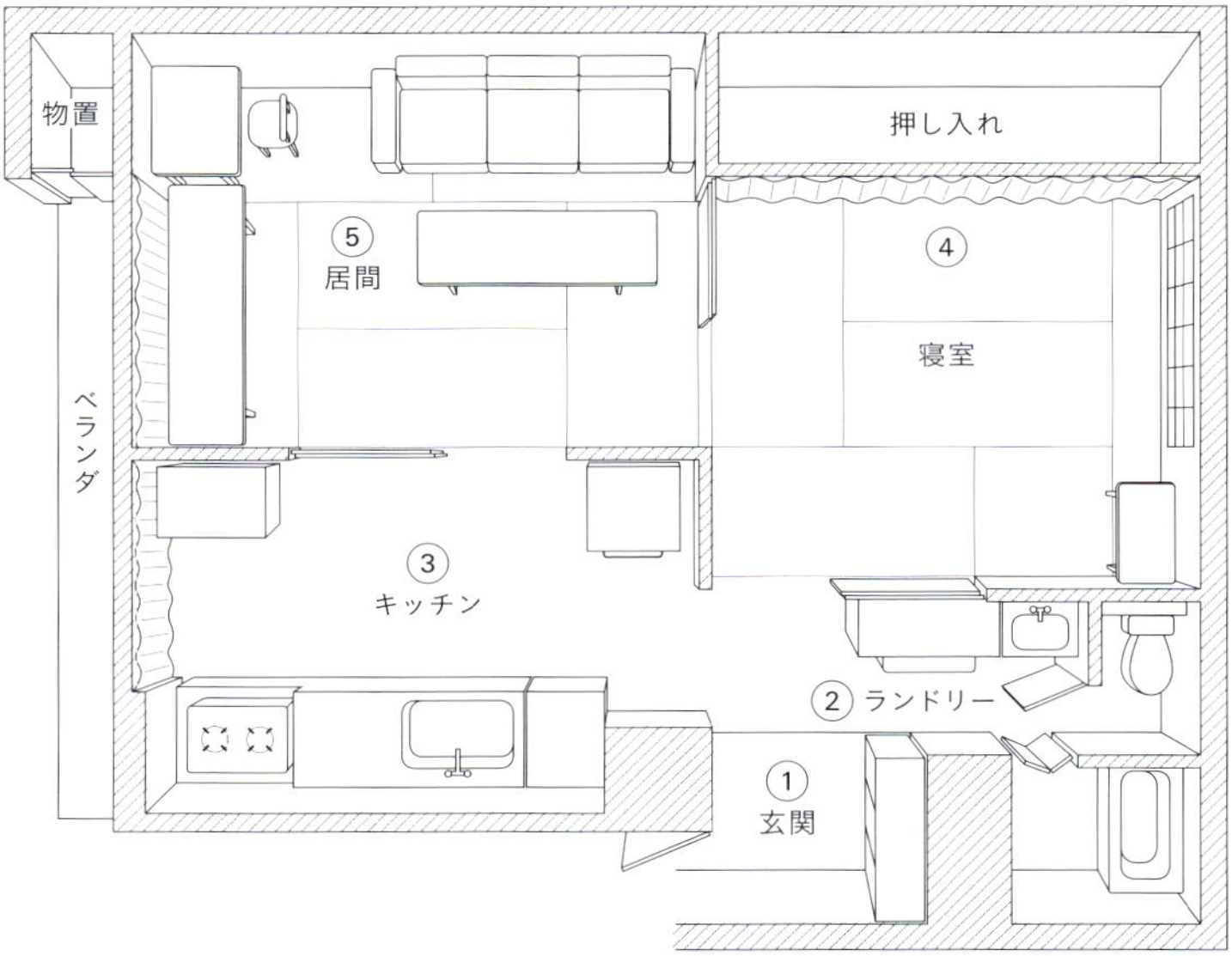

1

片付けがラクになる、本多家の無印良品使い

使い勝手のよさが暮らしを〝ラク〟にする

私は料理があまり好きではありません。買い物から後片付けまでの作業が、ズボラな私には複雑すぎて面倒なのです。だからこそ、苦手を苦にしないために、台所にいる時間が最小限で済むように、あ〜これ嫌だ、煩わしい、と思ったら必ず立ち止まって解決法を探してきました。必要なモノがさっと出てきて、使ったモノはラクに戻せる。かがんだり、手を伸ばすことは可能な限り少なく…と作業がよりラクになるようにさまざまな工夫を重ねてきたのが、いまある〝勝手のよい台所〟です。濡れても拭けて、中身が透けるから在庫管理に適したPPやアクリル用品で収納を戦略的に整えていくことが、「面倒」のハードルを下げることにつながります。

作業工程が複雑な台所仕事は、モノのしまい方、しまう場所をひとつ変えただけで毎日のストレスから解放される。より働きやすく使いやすいキッチンを求めて日々更新中。

理想はコックピット すべてのアクションを最小限に

どこに何があるか一目瞭然。必要なモノにワンアクセスで手が届く、というのが理想形。そのために、当たり前になっている風景を見直し、ムダな手間や動きをひとつひとつ取り除いていく。

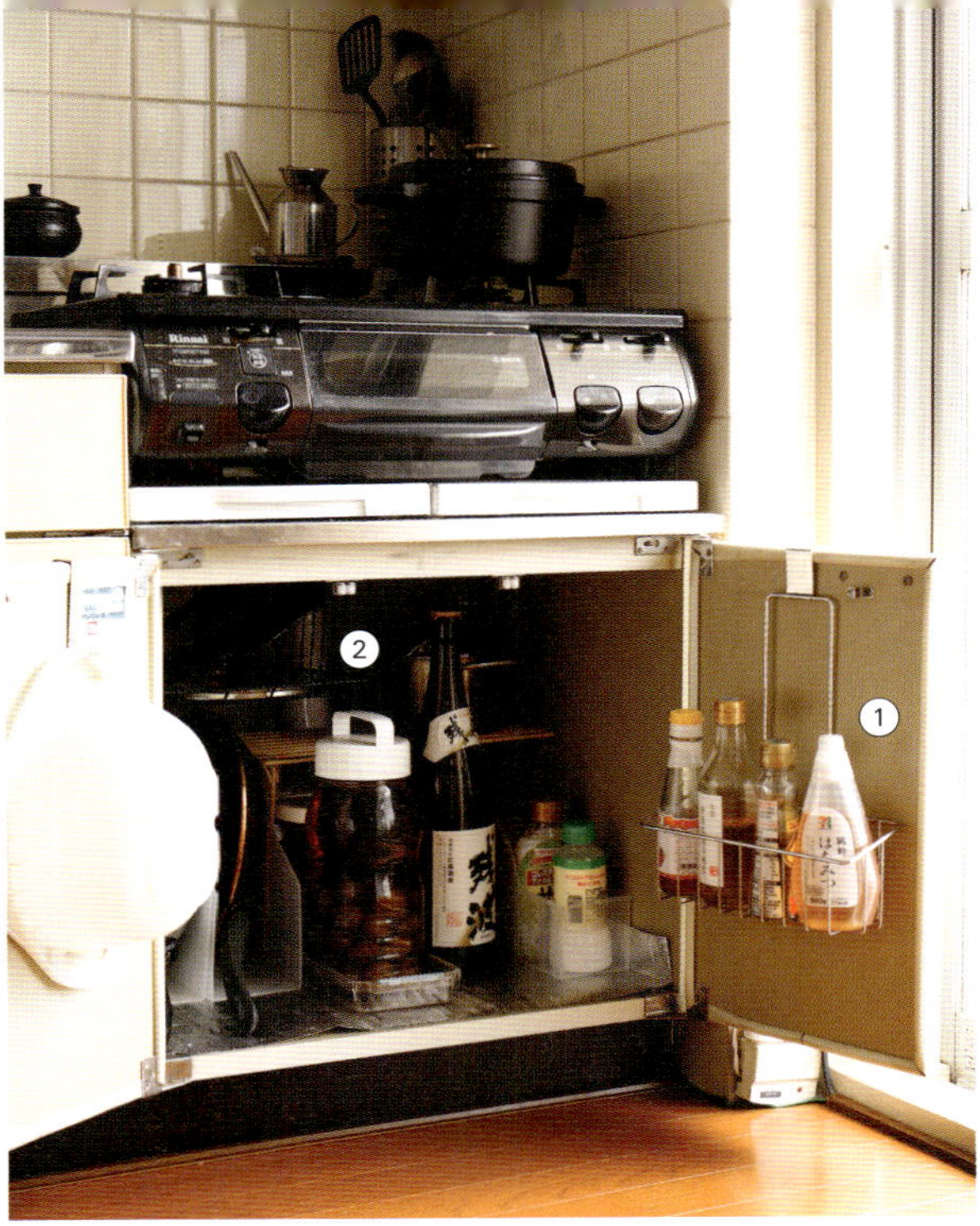

コンロ下は
徹底的にムダを省く

火を使うコンロの下は、調理の手が止まらないように、出しやすくしまいやすい収納を工夫。よく使う調味料は扉と一緒に出てくる仕組み。

鍋蓋は専用のラックに

使用頻度が低くしまいづらい鍋蓋は、2本の突っぱり棒に引っかけたラックで定位置を確保。

毎回使う
モノだけを厳選

調理に毎回使うツールはこれだけ。すべてのモノがストレスフリーで手に取れる“ラク”さ。見せる収納を兼ねたセレクト。

書類ケースで
自立型収納

2つ並べたファイルボックス[p.15-07]に立てたフライパンは、取り出しやすさ抜群。調味料はファイルケースに。

食器収納は吊り戸棚とその下のオープンラックのみ。よく使う食器は目の前のオープンラックに。
出番の少ないモノは吊戸棚の奥やボックスの中と、使用頻度に合わせて戦略を立てる。

毎日使うモノは さっと洗って 戻すだけでいい

毎日使いの食器類は特等席に

扉のないオープンラックには、毎日使う１軍の
食器を。日々使うので、ほこりは積もらない。

コの字ラックでスペース増設

アクリル仕切棚［p.17-07］で限られたスペースを活用。透明なので可視性が高く、全体に目が届きやすい。

使用頻度の低いモノは上段に

たまにしか登場しない保存容器や漏斗、控えの保存瓶などは、普段使いには向かない吊り棚の高い位置へ。

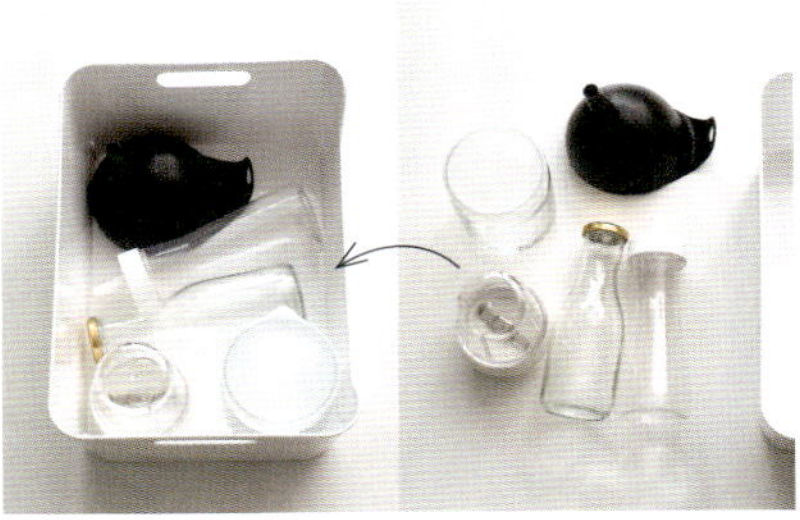

扉裏はベストなスペース

扉の裏にファイルケースを3Mのコマンドタブで貼り付けて、ガラス容器の蓋をまとめて収納。よく使うお米の水切りやスライサー、計量カップも引っかけて。

〝おやっ〟と思うこと、〝嫌だな〟と気づくこと

奥行空間をムダなく活用

シンク下のスペースには、ポリプロピレンケースを導入。さまざまなサイズから選べるから余計なすき間が生まれず、空間が四角で統一できるので見た目もスッキリ。引き出し式だから、奥に入れたモノも少しかがむだけで簡単に取り出せます。毎日、毎食やらなければならないことだからこそ、ちょっとした工夫で、“今よりラク”を手に入れる。

自分のルールで
ざっくりまとめる

種類が多く、形、サイズがまちまちなキッチン小物は、アイテムごとにまとめて引き出しケースへ。空いたスペースにポリプロピレンのメイクボックスに入れた密閉容器を重ねて。

①形がさまざまなキッチンツールは、奥行と深さのある収納ケースにまとめて収める。[p.15-14] ②夫と時々私のお弁当用グッズは、忙しい朝にさっと選べて取り出せる、引き出し収納に。[p.14-13] ③保存容器は蓋と容器を別々に、重ねて立てて入れるとコンパクトに収まる。[p.16-03] ④ガラス容器は重ねて収納。蓋は扉裏の収納ボックスへ。[p.14-13] ⑤シンク下の引き出し１つはマスク、しっぷ、薬などの雑貨入れ。必要なモノがすぐに取り出せるように、すべて自立させて収納。処方薬は処方箋と一緒にジッパー付きビニール袋へ。[p.14-13]

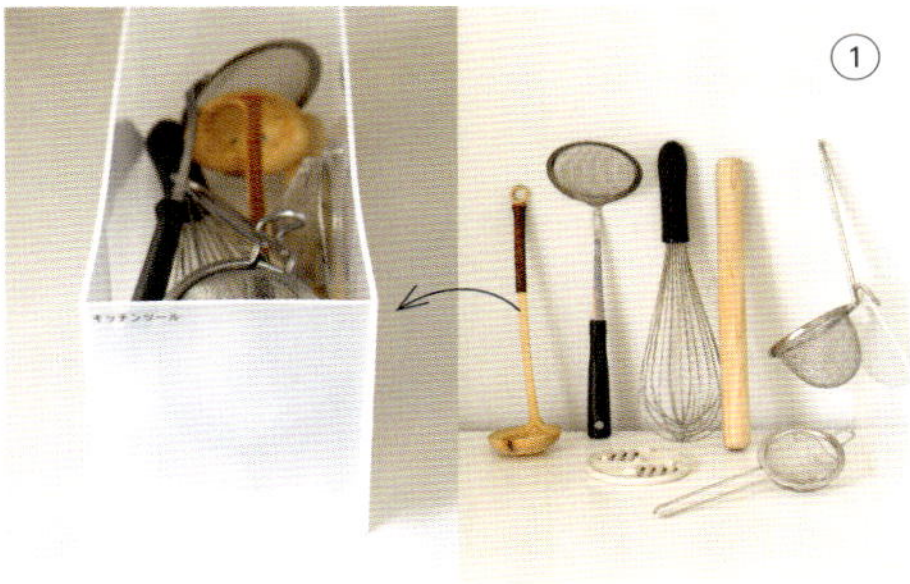

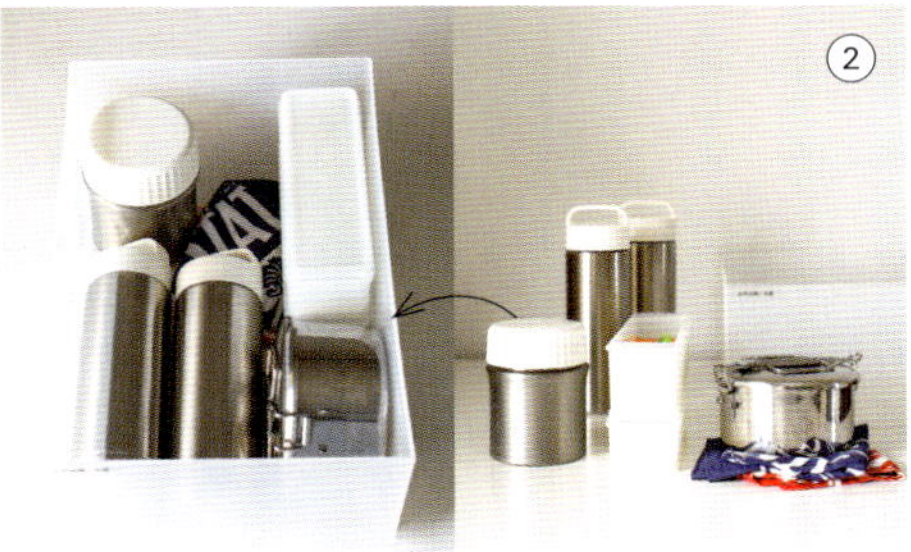

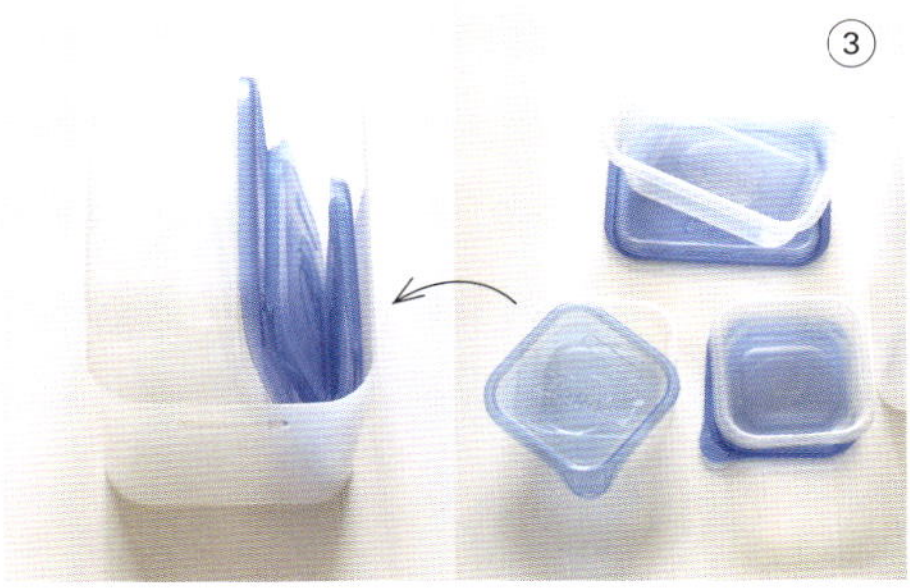

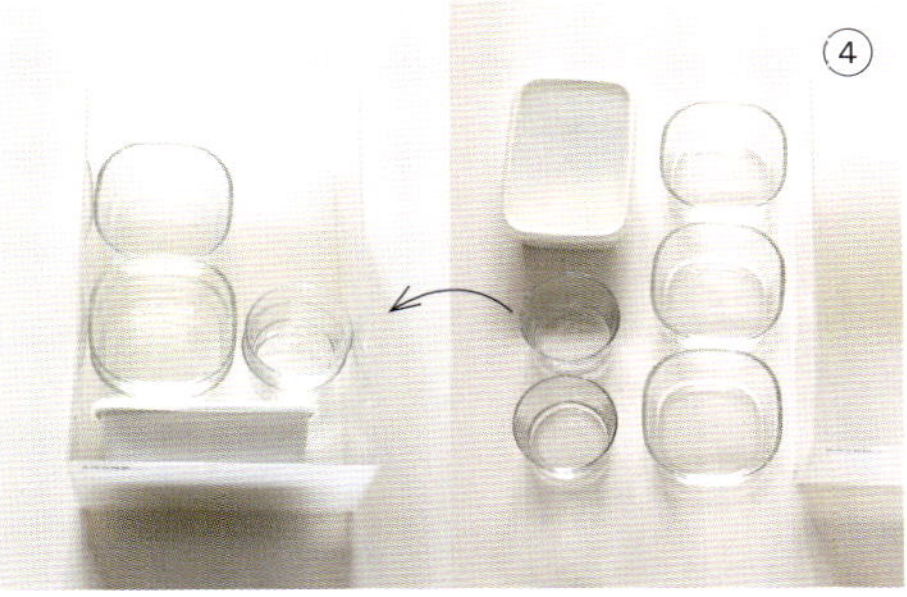

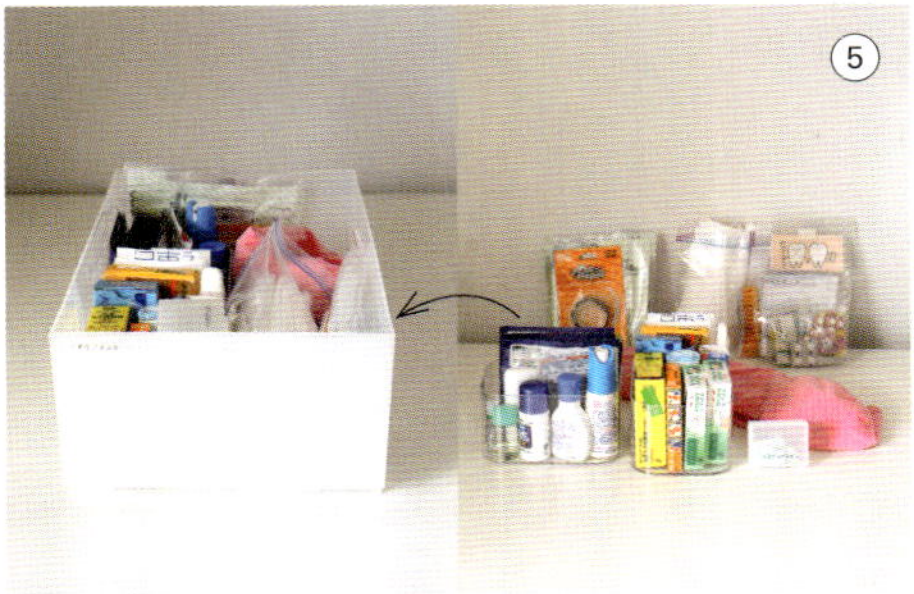

8年選手の「追加用ストッカー」キッチンに適した頼りになる収納用品

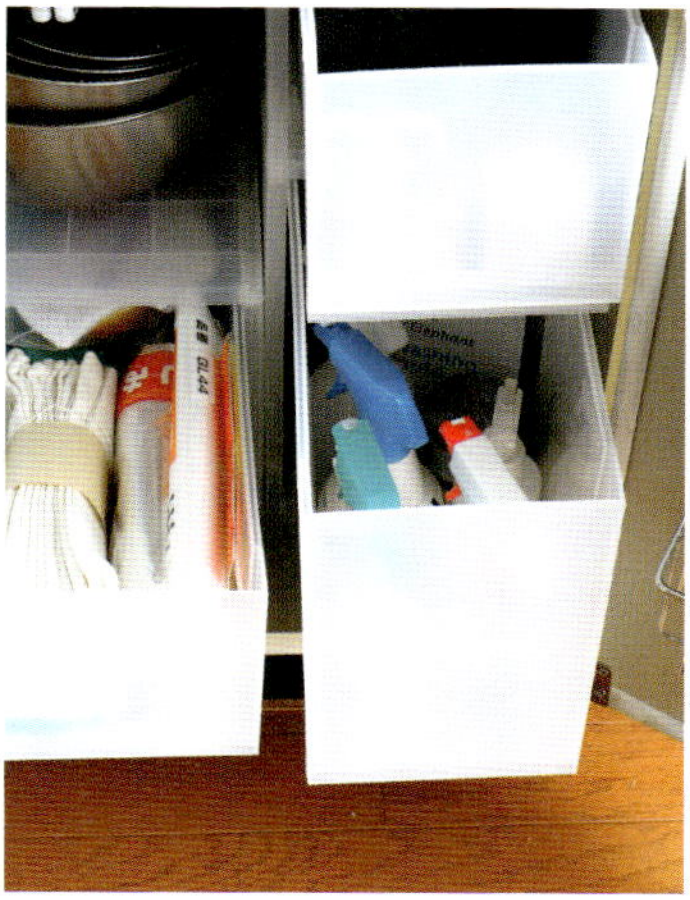

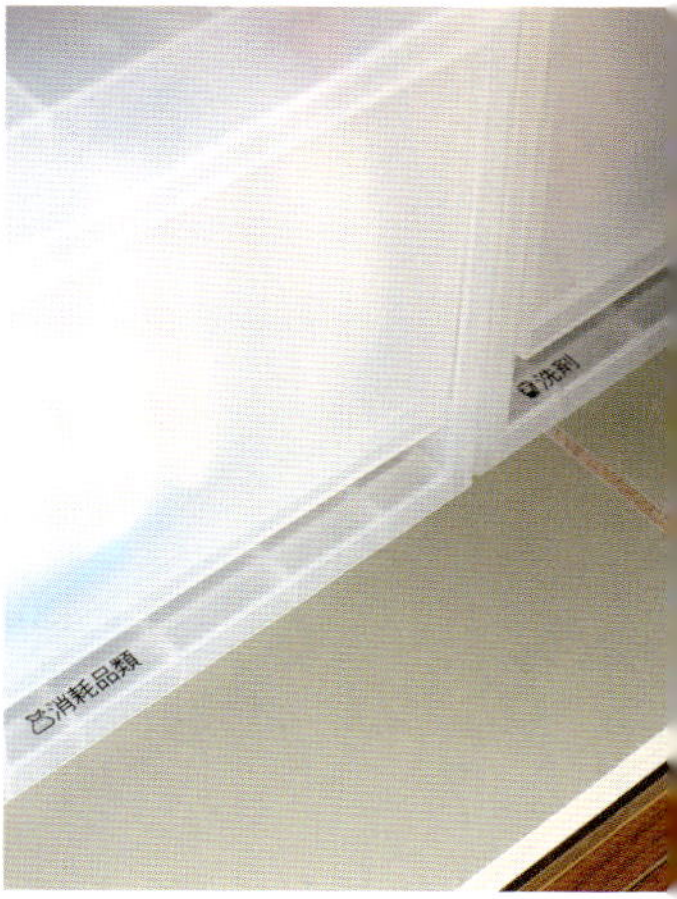

シンク下で使っている追加用ストッカー[p.15-12、13]は、スリムで隙間収納にぴったり。引き出しにストッパーが付いているので、調理中に急いで開けても外れず安心です。③は実家にいた頃から使い続けていて、調味料入れやゴミ箱として使っていたことも。確実に何かしら使い道が見つかる万能アイテムです。上から見て読める位置に、それぞれ内容物のラベリングを。扉裏にはネットショップで見つけたラックにアルミホイルなどを、100円ショップで購入した容器には使い捨て雑巾を。すべてしゃがまずに手に取れるよう工夫しました。

ストックの数は最小限に。使い切るまでに補充すればいい。

③

①

②

毎日のことだから、取り出しやすいのがいちばん

①意外と細々している工具類は、探しやすく出しやすいようにボックスで仕切り、立てて収納。[p.15-13] ②洗剤類のストックはまとめて。常にこの数を維持し、買い過ぎを防止。[p.15-12] ③消耗品はここに入る量だけと決めてストックする。ごみ袋、ふきん[p.127]など、やはり重ねず立てて収納。[p.15-13]

収納用品として
働く布バッグ

S字フックでシンク下の扉に吊るした布バッグ。一方にふきんの替え、もう一方にレジ袋を放り込んでいます。ふきんは1日1枚使い切りで洗濯機に。

使いやすさを求めて試行錯誤する

箸と木製のカトラリーをラタンのトレーに仕分けし、アクリルケースに入れたステンレス製品とともに引き出し手前に。毎食使う箸置きも重箱式の小さなボックスに輪ゴム、クリップと重ねて前列へ。たまにしか使わないワインオープナー、缶きりなどは、奥を定位置に。

働き者じゃなければ好きになれない

食器が大好きで、心惹かれる作家さんの個展には必ず出かけ、旅先ではチェックしておいた器のお店を訪ねるのが常。出会った大切な食器は毎日の暮らしで生かしたい。だからこそ、食器を選ぶときの基準は使い勝手がよさそうで、食卓でよく働いてくれそうかどうか、です。

湯呑みを選ぶとき、料理を盛れる、スープにも使える、といろいろな使い道を考えるのも楽しい。

五寸皿を１枚。最近決めた食器を買うときのルール。形が違っても、サイズが同じ皿は相性が良い。

ほとんど毎食使う、働き者が揃った１軍。使い込むほどに愛着が深まっていきます。

理想の収納スタイルをユニットシェルフで実現

ステンレスユニットシェルフ・ステンレス棚セット・大、ステンレスユニットシェルフ用帆立補強パーツ・幅56㎝タイプ用、追加用ポリプロピレンバスケット幅56㎝タイプ用×3、サイドパネル・小／合計¥36,200

ステンレス製のオープンラックを新調しました。こんなにスマートでシンプルなラックは他にはなくて大満足。床面が大きく空いているので掃除もラク。電子レンジを移動してスペースができたため、ワイドな引き出しを設置、収納量が増え「食材をまとめて収納」という積年の課題が決着しました。

側面も積極的に活用する

サイドパネルを取り付けて、マグネット式のラップケースとミラー[p.127]、トレイ[p.19-04]、アルミフック[p.19-10]に吊るしたモップ[p.127]をピタッ。エコバッグはS字フックに吊るして。

レシピ本、トレイの収納

上段スペースにアクリル製スタンド[p.17-04]を置いてトレイ類を立てて収納。さらにスチール仕切板・小[p.127]でレシピ本を支えます。透明スタンドは視覚的な圧迫感がなく、スマートな印象に。

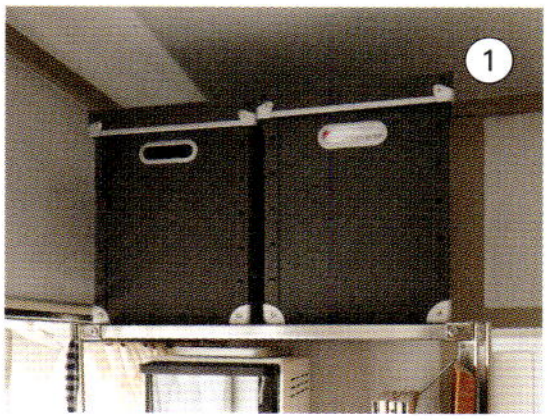

絵になる収納ボックス

軽くてタフな硬質パルプボックス[p.18-08]は、置くだけで絵になるカッコいい収納用品。質感とスクエアで無骨な感じが好みにはまる。上段に2つ並べてインテリアの一部に。中身はp.37へ。

日常使いのモノは詰め替えて

お茶やシリアル、ごまなど日常的に使うモノはビンに詰め替え、ワイヤーバスケット[p.19-01]に並べてシェルフへ。給食ラックを連想させる工業的なデザインのこのラック。取っ手を内側に入れればスタッキングできる機能性の高さと、それを体現しただけのシンプルなデザインに、「さすが無印！」と感動しました。

4

空きスペースにゴミ箱を

収納を見直した結果生まれたシェルフ下のスペースに、資源ごみ用のキャスター付きダストボックス[p.127]を設置。中を仕切って分別可能に。隣の空きスペースには、シュレッダーを置く予定。

お茶とお菓子関連

個別包装品は不要なパッケージを処分して、ジッパー付きビニール袋に入れ、収納サイズを統一。お茶とお菓子はエリア分け。毎日使うコーヒーフィルター、お茶パックを手前に、使用頻度の低いポットは後へ。

乾物類

定番の乾物類は透明容器に。開封したモノはジッパー付きビニール袋に入れる。調理中すぐ取り出せるように、乾物類は引き出しの手前へ。後ろを空きスペースにして、背の高い容器の出し入れがスムーズに。[p.16-04]

ストック食材

合わせ調味料、レトルト食品、缶詰を、形状が近いモノでグループ分け。引き出しに直に入れると不安定なモノはケースに入れてホールド。平らなモノも立てて収納。使用時期が先になるモノは引き出しの後へ。

分散していた食材を3段の引き出しに集約

目隠しで色の氾濫を抑える

パッケージのさまざまな色が飛び出してこないように、ボックス前面にカットしたプラスチック製ダンボールを差し込んで目隠しを。

⑦

ラックの棚に置いた引き出しケース

クロスや手拭いなどの布ものはまとめてここに。[p.14-13] 料理に使うスパイス類はビンに詰め替えて、上から見てわかるように、蓋にラベリング。掃除用のドライシートはワンアクションで使えるように、パッケージから出して収納。[p.14-12]

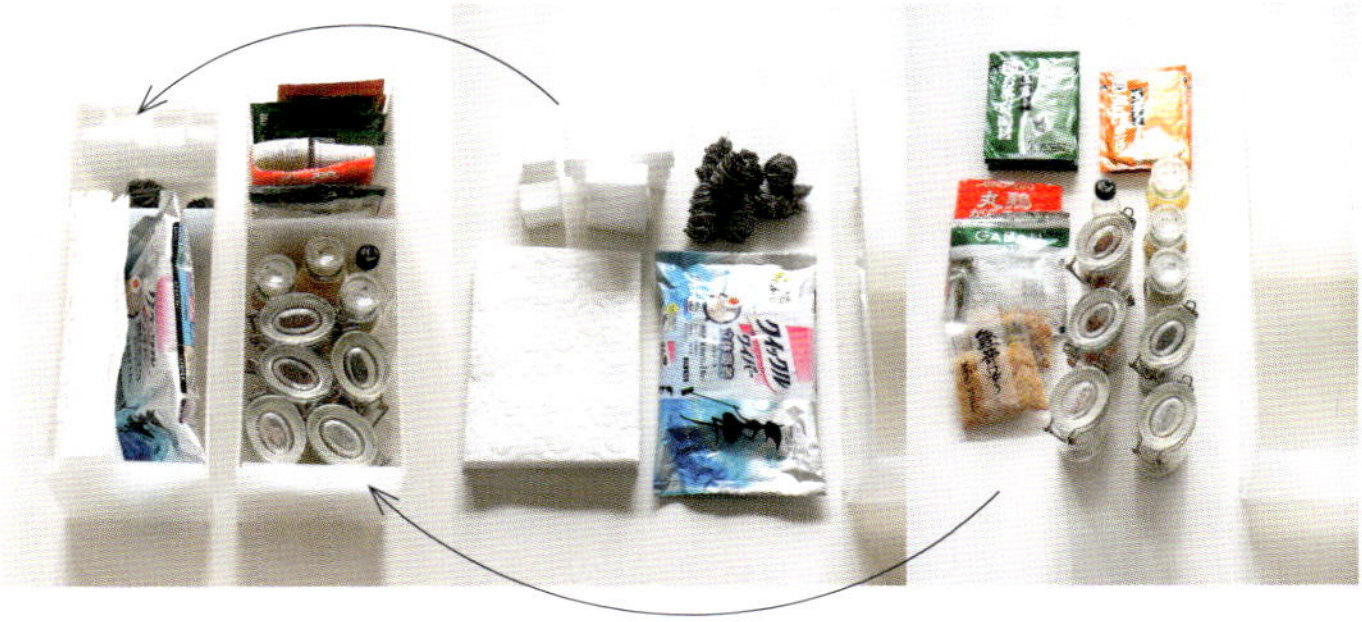

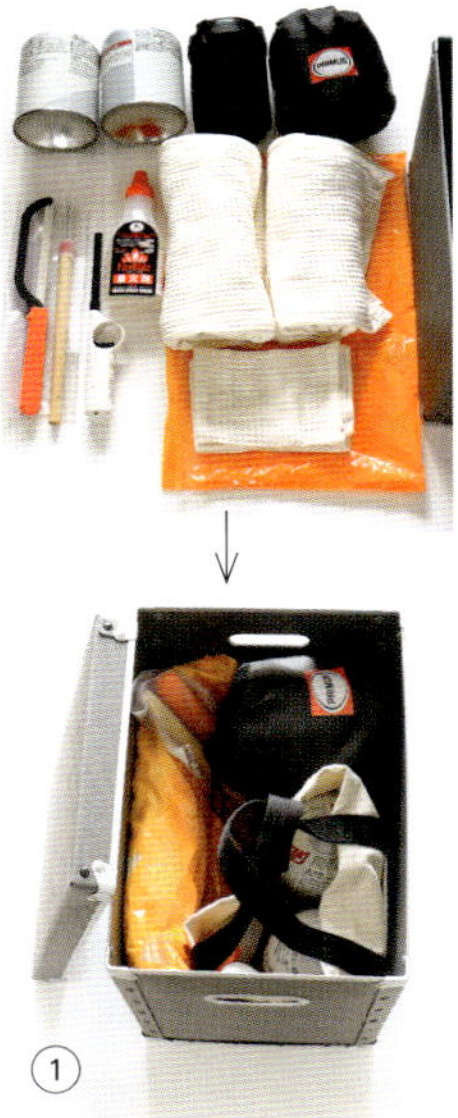

①

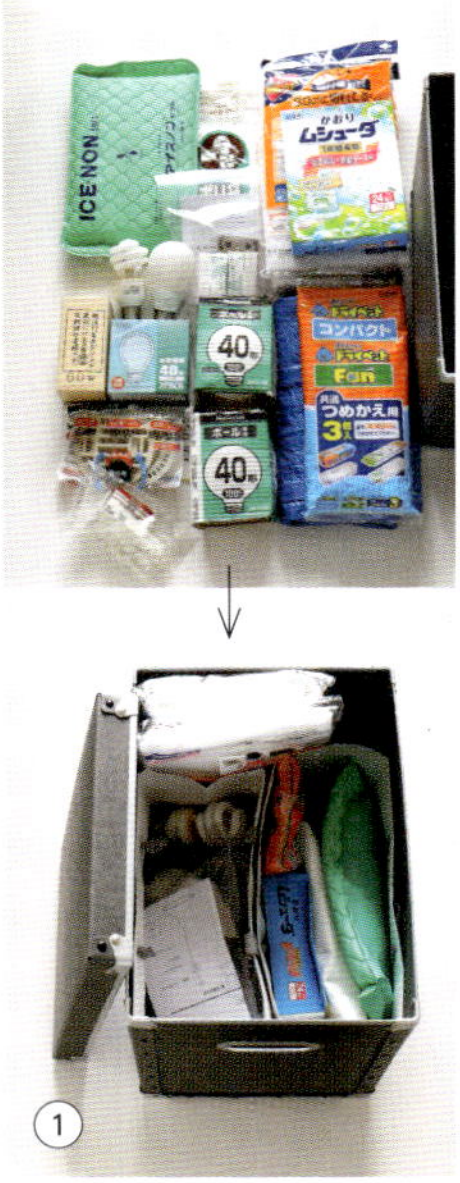

①

備品類は上段が定位置

電球の替えや防虫剤、キャンプ用バーナー、タオルのストックなど、めったに使わない暮らしの備品は、ボックス2つに分けて収納し、ラック上段へ。[p.18-08]

消費計画が立てやすい
コンパクトな冷蔵庫に
サイズダウン

ずっと使っていた427ℓの冷蔵庫は大きすぎても て余していたので、無印良品の270ℓに買い替えました[p.127]。コンパクトになった分、中身全体を見渡せて使いやすさが向上。購入した食品をムダにせず使い切れるように、必要なモノや量だけを買うようにしています。見通しのよさはその結果。

種類ごとにトレイやボックスに入れて

頻繁にモノを出し入れする冷蔵庫は、それぞれの物の定位置をしっかり決めることがポイント。トレイやボックスを利用して種類ごとにまとめると管理しやすく、行方不明や買い過ぎ防止にもなります。

①

冷蔵庫の収納

ドリンクは夫婦二人では1ℓは飲みきれないため、ミニパックを愛用。右は梅干しや納豆などをまとめた「ごはんの友」セット。在庫の有無も明確に。

冷凍室の収納

肉や魚は1回分ごとにラップで包み、ジッパー付きビニール袋へ。下ごしらえした野菜も同様に。庫内ではケースに立てて保存します。

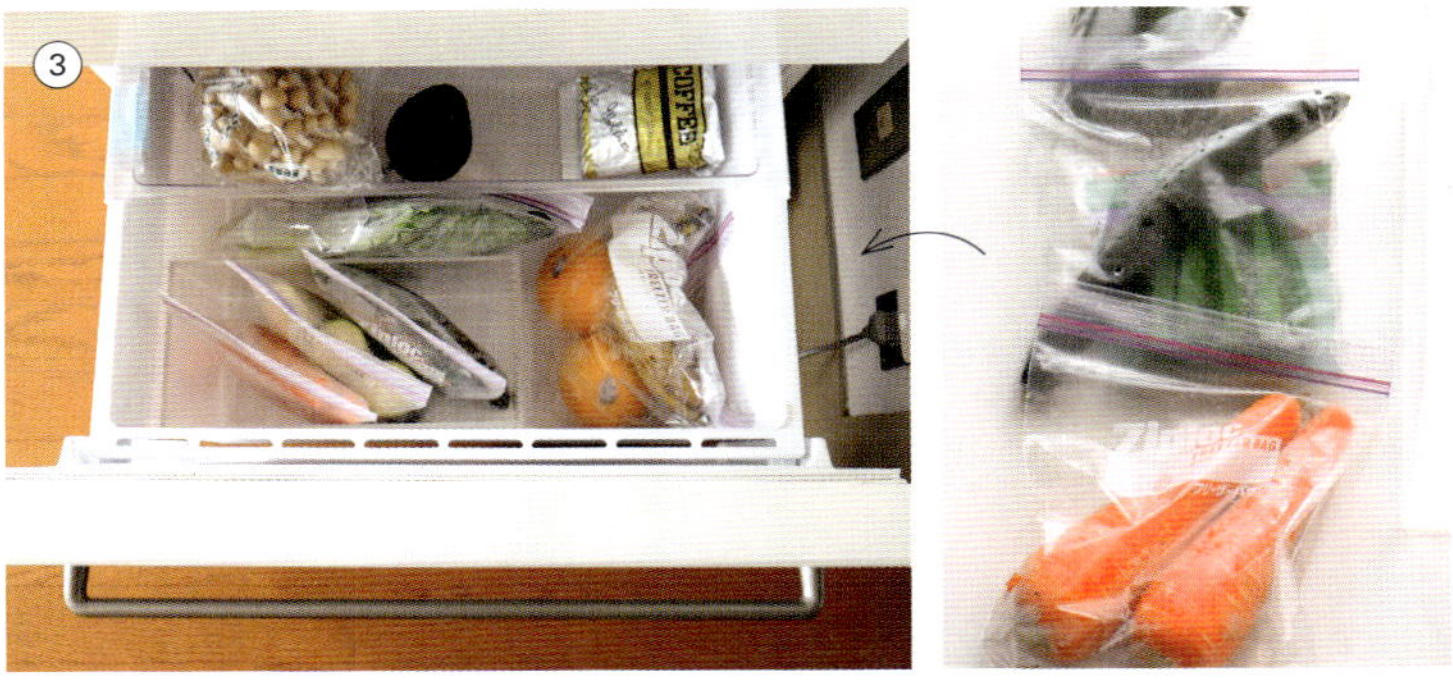

野菜室の収納

野菜はジッパー付きビニール袋に入れて野菜室へ。基本は立てて収納します。取り出しやすい引き出し手前にケースをセット。

使用頻度に合わせて、収納位置を決める

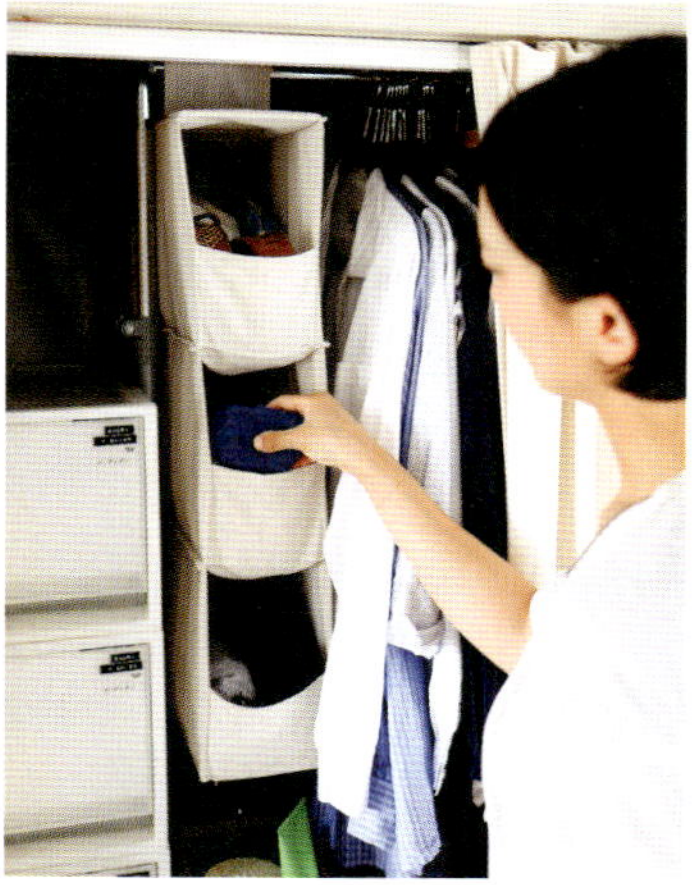

我が家の収納スペースは、玄関の靴箱を除けば寝室にある1間半の押し入れのみ。いかにして有効に使いこなすかが、この家に住む上での最大のミッション。押し入れはサイズが大きいモノや普段あまり使っていないモノをしまっておく場、納戸のようなイメージが強かったのですが、現実はむしろ日常的に使うものを使いやすく収納していく必要がありました。

押し入れは奥行の深さがメリットですが、デッドスペースをつくらず、モノへのスムーズなアクセスを実現するには工夫が必要になります。ここに収めるしかない、と決めてから試行錯誤を繰り返した形が、モノの使用頻度の高・低と押し入れの手前・奥をリンクさせた現在の収納スタイルです。

押し入れ全体を使い勝手よく自由にカスタマイズできるよう、ふすまを取り外し、突っぱりタイプのカーテンレールを設置。

天袋の収納力を生かす

出し入れに不便な天袋は、長期間使わないモノの保管場所。PPケースにはシーズンオフの衣類などを、布ケースにはスポーツウェア、帽子、写真などの思い出の品を、ここに入るだけと決めて1ボックス1ジャンルずつ収納。

日常の動線から外れる右側

棚位置が変えられる収納ボックスを置いて、保管しておきたい資料の定位置に。サブのノートパソコンも上段にぴったり。

手前と奥、左側と右側を使用頻度で使い分け

カーテンを開ければすぐに取り出せる手前側や、部屋の入り口に近い左側には、使用頻度の高いモノの定位置にして収納にメリハリを。

アクセスしやすい左側

①出し入れがいちばんラクな場所は、結婚前から使っている収納ケース[p.14-01、02、06]にオンシーズンの服や部屋着、インナーを収納。無印良品では「PP衣装ケース」が奥行65㎝で容量も大きいのですが、押し入れの上段で使用するには引き出した時に少し重い。私の家には、今使っている「クローゼットケース」(奥行55㎝)と「収納ケース」(奥行44.5㎝)が使い勝手が良い。②奥の空きスペースは、突っぱり棒を縦に数本取り付けて礼服やコートなど使用頻度の低い服の定位置に。

棚の向きも取り出しやすさを優先

高さと奥行は同じで幅の異なる2つの収納ボックスを前後に配置。奥は取り出しやすいように横向きに。手前のボックス脇にフックをつけて、夫の帽子をハンギング。手前のフタ式パルプボックス[p.18-10]には、新札、ご祝儀袋など冠婚葬祭関係の品を。バスケット[p.18-13]にはシーズンオフの服飾小物を、引出式ケース[p.15-14]には夫のサングラスなどを収納。

便箋、封筒はセットで収納

レターアイテムは、封筒、便箋、カードなどに分類し、サイド収納のクリアファイルの1ポケットごとに収納。[p.127]

取扱説明書はまとめて

取扱説明書はバインダーのポケットファイルに。キッチン家電、PC関連などジャンルで分け、1ポケットに取説と保証書をセットで入れます。[p.127]

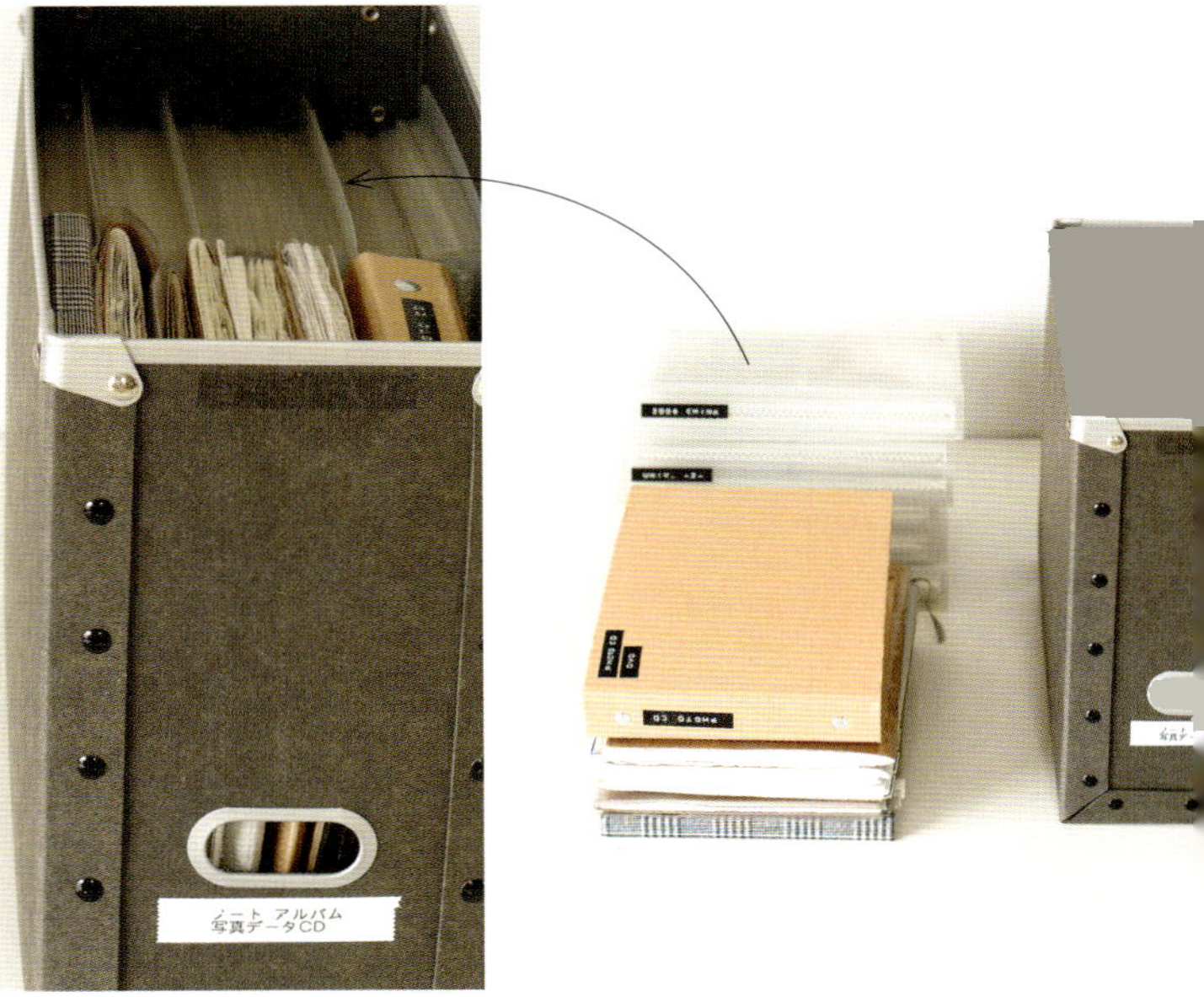

あるモノを
自在に生かす

キッチンで食材の収納に使っていたファイルボックスを転用。学生時代のアルバムや写真データのCDを一緒に。[p.18-11]

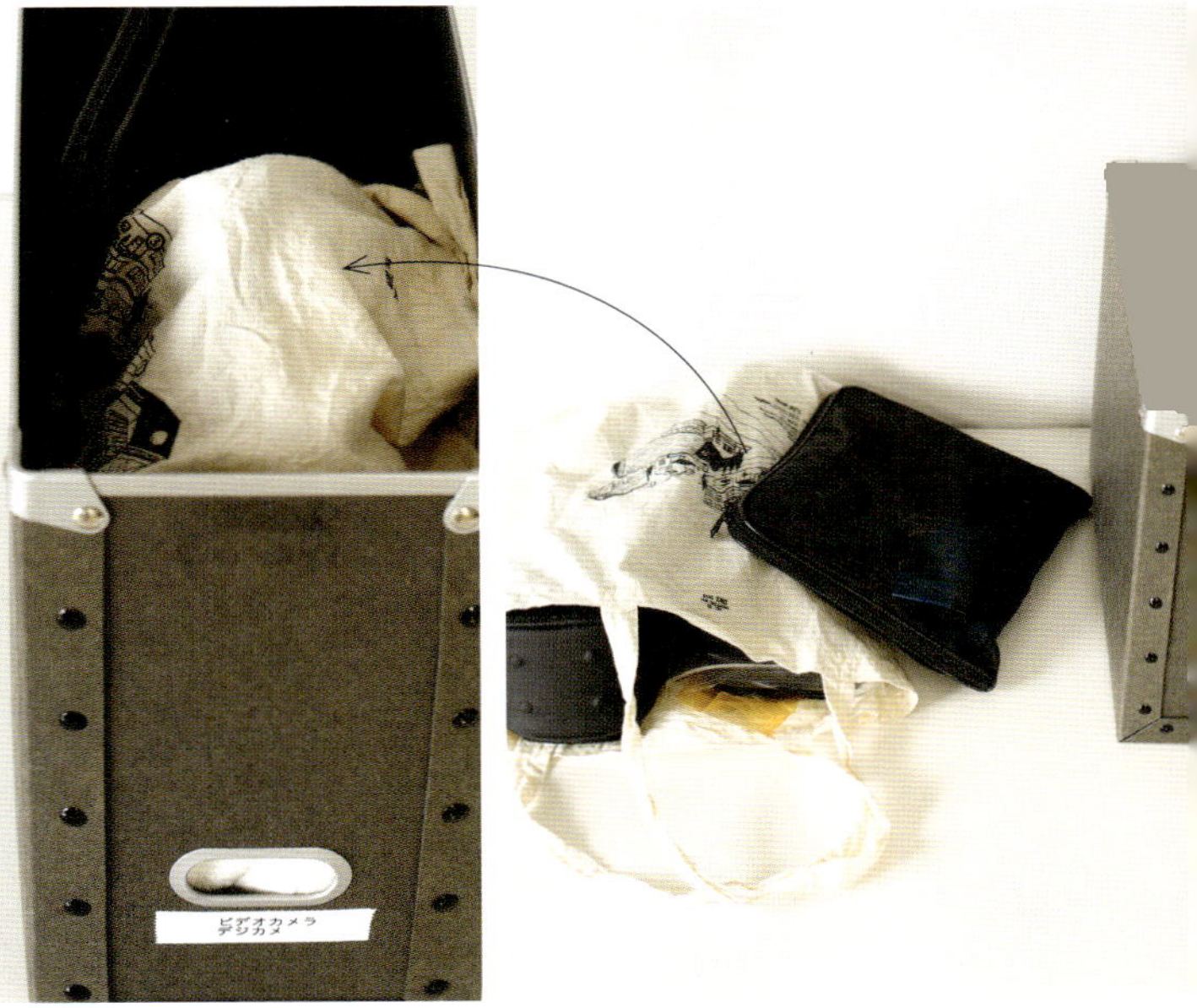

雑多なパーツも
1セットに

コードや充電器など付属品の多いビデオカメラを1ボックスで管理。布袋に入れておけば、まとめて持ち出せます。[p.18-11]

適正サイズのケースや仕切りを使って手持ちの服を把握

私の衣類を収めた収納ケース[p.14-01、02]。引き出しにはたたみじわの気にならないTシャツやキャミソール、レギンスなどを。中身が一覧できるよう、縦型収納に。

種類と量がひと目でわかる

ケース内は仕切りケース[p.15-01、02]で区分け。服の分量を把握できるようになり、少しでも増えたら捨てる、無駄買いをなくす、を徹底できるようになりました。Tシャツやインナーを冬物夏物に分けておけば、前後を入れ替えるだけで衣替え完了。「クローゼットケース」「横ワイドケース」とサイズの相性が特によく、大、中、小と3サイズから選べます。

Tシャツはくるくる巻いてイン

2つ折りにしたTシャツを端から巻いて筒状にしたら、ケースの深さと同サイズに。ファイルボックスに差し込んで自立させておけば、私よりズボラな人が出し入れしても崩れません。

服のサイズでケースの深さを選ぶ

サイズが大きい夫の衣類は、深いタイプの収納ケースに。区分けは、Tシャツ、パンツなど、1つの引き出しに1ジャンルのシンプルなルール。これなら本人も迷わず片付けてくれます。[p.14-06]

空中を利用した3階建ての収納スペース

ちょっとしたすき間を利用して、小物類の収納場所を確保。
縦に細長い空間を生かせる収納用品を効果的に使って。

身支度をする場所に

小物ホルダー下の空間に、デオドラント用品やボディジェルを入れたラタンボックスを。[p.18-14]

1

小物類は吊るして収納

小物ホルダーを吊るして上段はベルト、中段・下段は私と夫の靴下を。カーテンを少し開ければ取れるラクな位置。[p.16-11]

掃除がしやすいように、床置きは最小限に

寝室は掃除機がかけやすいように小さなキューブ型家具だけを置き、時計、ライト、アロマディフューザー［p.127］の置場に。押し入れに収まらない丈の長いローブなどは、鴨居に吊るして見せる収納に。

香りでリラックス

ラタンボックスには、ミントなどのエッセンシャルオイルとリラックスアイテムを。整理ボックスで仕分け。［p.127、p.15-09、p.18-14］

LIVING&HOME OFFICE

リビングとワークスペース

リビングには、ここで使うモノしか置かない

古い団地の6畳間。食事をし、事務仕事をこなし、音楽を聴きながらソファで読書を楽しむなど、私が1日の内でいちばん長く過ごす場所がこのリビングです。

ここでは居心地の良さが最優先。用途が多岐にわたるためにモノが集まってきてしまう場所ですが、雑多なモノで煩わされないように、使用頻度のかなり高いモノだけを収納。素材そのままで主張し過ぎない無印良品の収納用品は、古い家具ともなじみ、リラックスできる空間作りに役立ちます。

そして、それぞれがあるべき場所に収まり、必要になれば座ったまま、あるいは2~3歩歩くだけで手に取れる。やりたいことが気持ち良く始められるように整えておくことを日々心がけています。

あまり背の高い家具は置かず、壁の白い部分がたっぷり見えるようにして、視覚的な広さを演出。
パルプボックスの業務用っぽい雰囲気が好きで、インテリアの一部として採用しています。

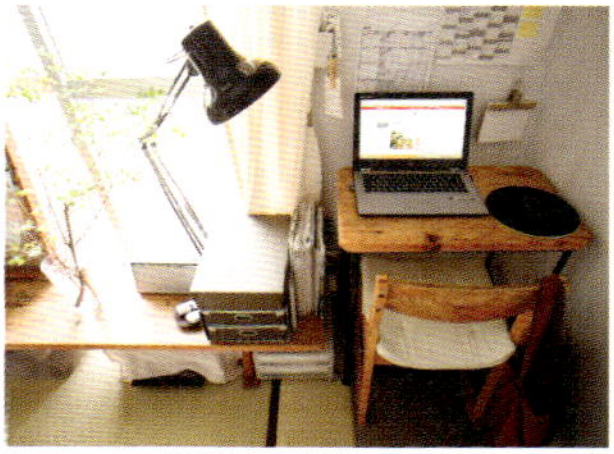

この部屋で使うモノは、ソファとワークデスク周辺の2か所が主な収納場所となっています。

リビングの隅、畳1枚ほどのスペースですが、ここに日常業務に必要なパソコン、プリンター、書類、文房具がコンパクトに収まっている。

小さくても私の貴重なワーキングスペース

四方八方フル活用

①パソコンを開けたら他のモノを置く余地なし！　そこでよく使うペンやハサミは、ペンスタンドをデスク横の窓枠に貼り付けて、空中で出し入れできるようにしました。②デスク脇のパルプボックス[p.18-09]の引き出しは、文房具や名刺、書類などの仕事道具の定位置。キャスター式引き出しの上段は夫専用。彼のモノが外に出ていればここへ入れておく。③プリンターにはキャスターを両面テープで貼り付けて可動性を高くしました。掃除機もかけやすい。

デスク周りにはここに必要なモノが集結

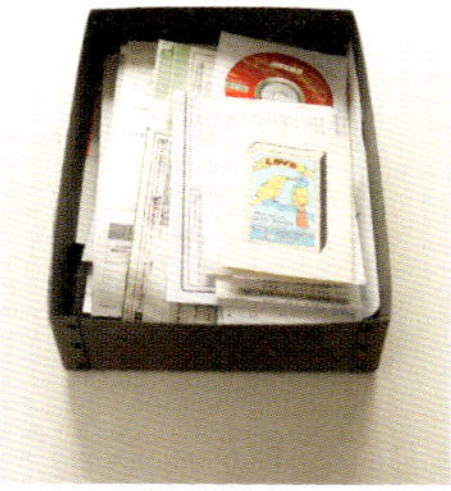

迷った時の一時保管

迷ったモノは取りあえずこの箱へ。月に1〜2回整理して必要な処理をする。[p.18-07]

管理する量を決める

書類はファイリングし、収納スタンドに収まるだけと決めて、溢れた分は整理する。[p.17-04]

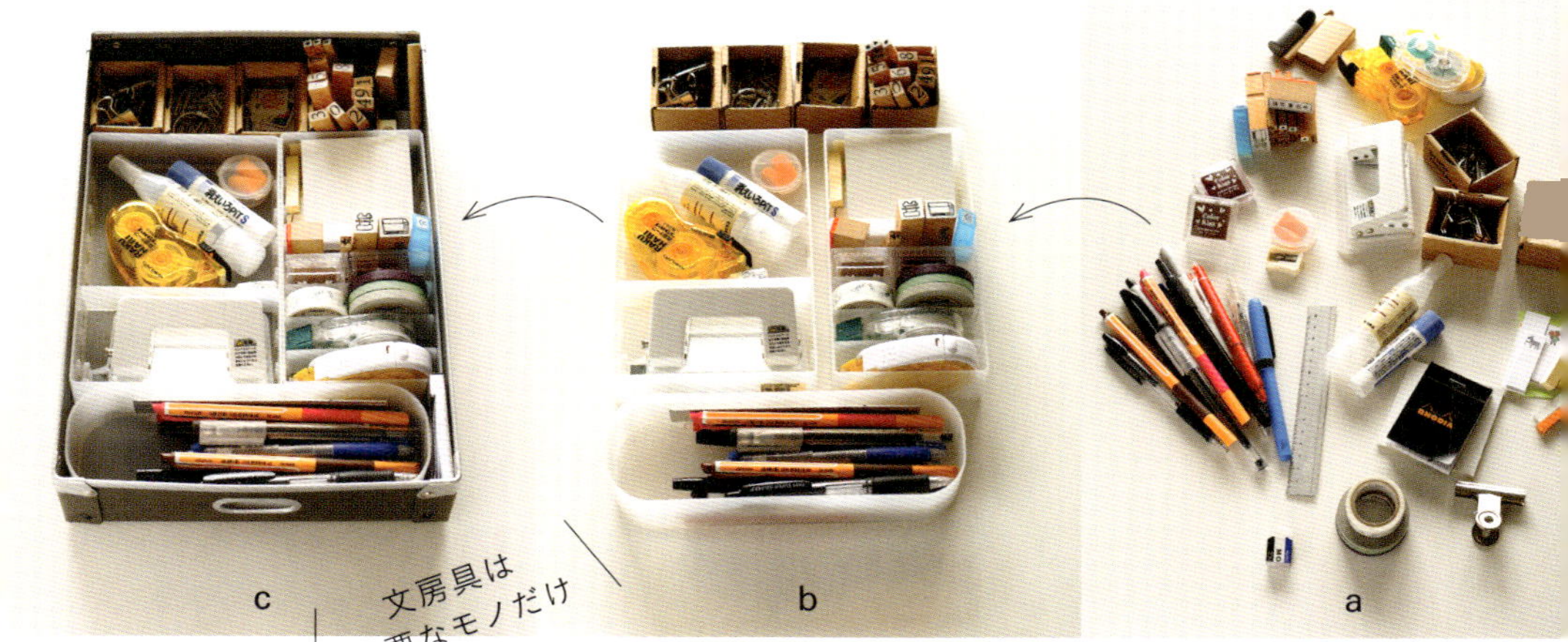

文房具は必要なモノだけ

a意識しないとどんどん増える文房具。収集がつかなくなる前にすべて出して使用頻度を確認。使わないモノは処分し、残ったモノをペン、ツール、消耗品などに分類。b管理しやすく、必要なときにさっと取り出せるように、整理トレーで区画整理。仕切り板で修正テープ、スタンプなども立てて収納。c引き出し手前には頻繁に使うモノを配置し、出し入れのしやすさを重視。[p.15-10, 11, p.16-07]

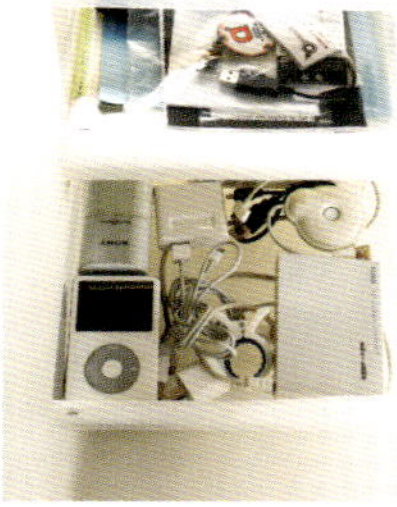

夫専用スペースをつくる

キャスター[p.127]を取り付けたポリプロピレンの引き出し上段は夫専用のスペース。彼宛のDMや手紙はこの引き出しに入れておきます。下段はパソコンや携帯電話の関連用品入れ。[p.14 -11]

心地よく過ごせる空間に整えていく

リビングの飾りコーナーはカーテンレールの上。テープで脚を固定したフレーム［p.127］のカードは時々で入れ替える。

ベンチテーブルはネットオークションで購入したモノ。「公民館のベンチ」というタイトルがついていた古道具。

いいね！の声が多い優秀アイテム

ベロアの内箱仕切りを入れたアクリルケース。大切なアクセサリーの収納に。しまうのがストレスにならないよう、ざっくり2つ分けのモノを。

[p.17-08、14]

木製のボックス家具を壁面にセット。読み終わった後も側に置いておきたい本や雑誌の収納に。上段にはアクセサリーや香りのアイテムを。[p.18-02]

日々の暮らしに潤いをくれるモノ

ベンチテーブルに大きな鏡を置いてドレッサーコーナーに。ロングタイプのアクセサリーは鴨居に取り付けたフックに吊るして。花や緑は暮らしのアクセントに。

ソファから離れず、必要なモノに手が届く

ソファのアームトップに木箱を立てて本棚風に。今読みたい本や雑誌はここが定位置。いつも目に留まるようになり、手に取る機会が断然増えました。

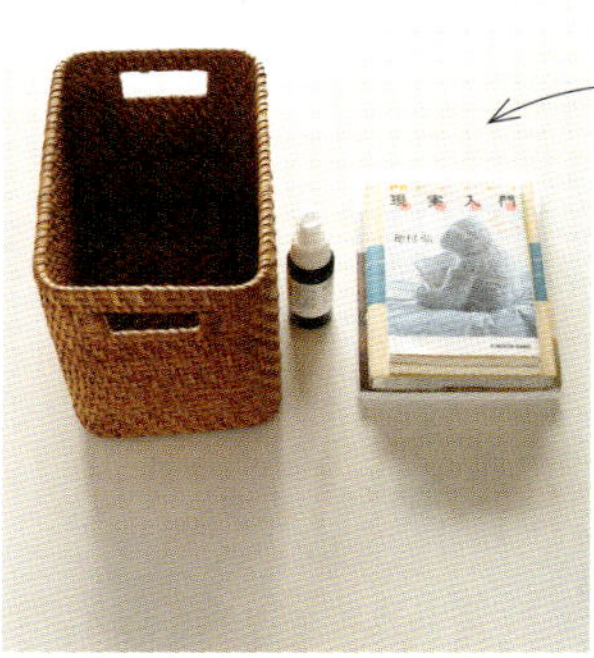

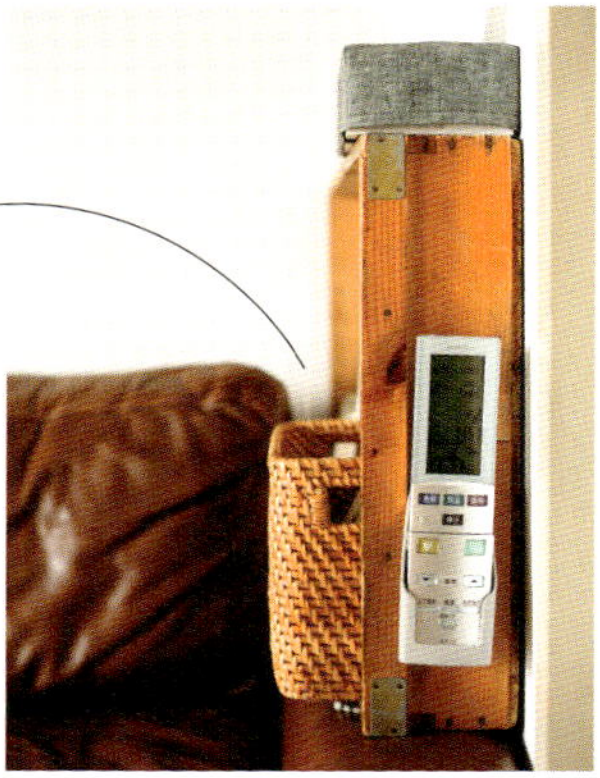

いつでも目に入り手を伸ばせる

木箱のサイドにはエアコンのリモコンポケットをねじで留め、行方不明になりがちなリモコンの指定席を確保。ラタンボックスには読みかけの本と気分転換用に使うルームスプレーを。

ソファテーブルは食卓、化粧台、事務机とさまざまな用途に大活躍。テーブル下の棚には、ここでしか使わないモノを置いています。小さな居間ではこの棚が貴重な収納スペース。

しまいに行かない、しまい方

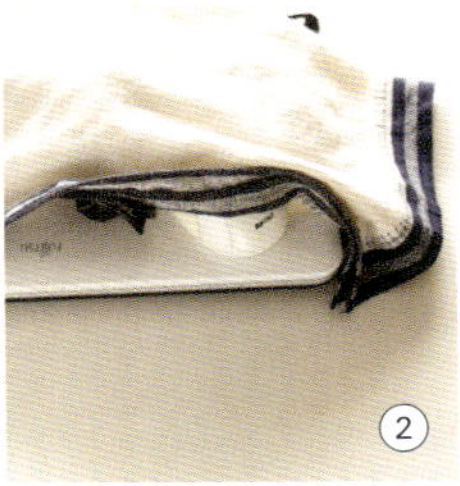

使うとしまうが最短距離

②ノートPCは、使い終わったらここに戻して目隠し布をかけるのが決まり。③木箱には爪切り、鼻毛カッター、洗顔シートなど、気づいたときにすぐ使いたいグルーミング用品をまとめて。

食事やお茶の時間の備え

コースターや鍋敷き、クロスを木箱に入れて。台所に置くよりもここにあることで片付けが最短に。

LAUNDRY
ランドリースペース

その場から一歩も動くことなく作業は完了

我が家にはランドリースペースがなく、玄関に入ると洗濯機がお出迎えするという、生活感たっぷりの間取りとなっています。洗面所、浴室へと続く空間にはつくりつけ収納もなく、タオルを置くことさえできません。そこで考えたのが見た目と機能の両立。まずこのスペースで使うアイテムを白に統一。目にする情報を最小限に抑え、すっきりとした印象にまとめました。機能面は使い勝手に合わせて細かく組み合わせができるユニットシェルフを選択。洗剤は手を伸ばせば取れる位置。乾いた下着はハンガーから外して目の前のケースに放り込めばOK。一連の作業がその場から一歩も動かず完了するシステムは、時間の有効活用に大きく貢献してくれています。

幅や脚の着地点などの条件さえ合えば、ランドリーラックを検討している方におすすめ。既存のもので、ここまで見た目と機能の良いモノはありません！

自分仕様のランドリーラックは使い勝手が最高

洗濯、洗面、お風呂上がりに必要なモノはすべてここに収める。ユニットシェルフはフックをかけられる場所も多く、吊るす収納にも便利。下着を収めた3つの収納ケース［p.14-12、13］は、前面に白いプラスチックボードを入れて中の気配を消去。上段の布製ボックス（ステインプルーフバスケット）は、トイレットペーパーやバスグッズなどのストック用。無機質なステンレスと白で、生活感を抑えたスタイリッシュな場に。

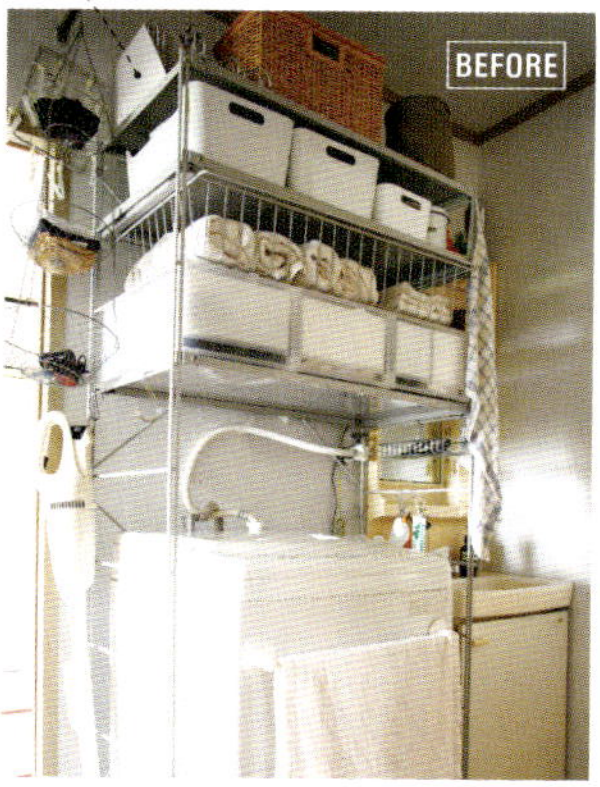

先代はスチールシェルフを使用。現在の収納方法はこのラックが基本となっています。ステンレスに変えて、帰宅して目にするたびに「やっぱりいいな」と大満足。

ステンレスユニットシェルフ追加用帆立・大×2、追加棚・ステンレス・幅84cmタイプ用×3、ステンレスユニットシェルフ用帆立補強パーツ・幅84cmタイプ用、追加用ワイヤーバスケット・幅84cmタイプ用、クロスバー・大×2、18-8ステンレスワイヤーバスケット2×2、ポリプロピレンケース・引出式・深型×2、ポリプロピレンケース・引出式・深型・2個(仕切付)／合計¥43,300

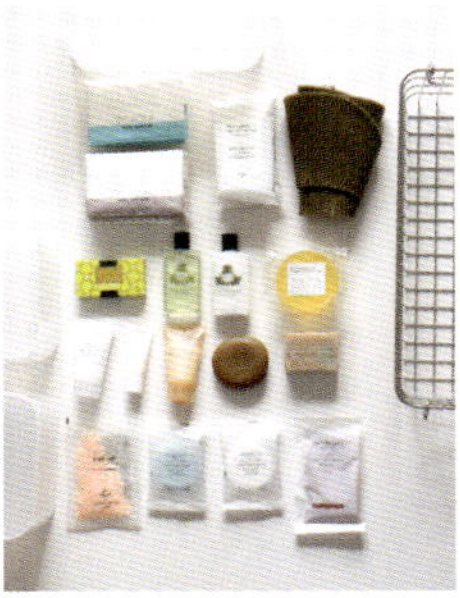

キーワードはほどよい存在感

ラック上の棚に置いた2つのワイヤーバスケット[p.19-01]。一方にはポケットティッシュや旅行用のアメニティグッズ。もう一方には粉洗剤のストック、化粧品を。ほこりよけを兼ねて収めた蓋付きのメイクボックス[p.16-01、02]が、色や文字の氾濫を抑えつつ、ぼんやりとした透け感でモノの存在を認識させてくれる。

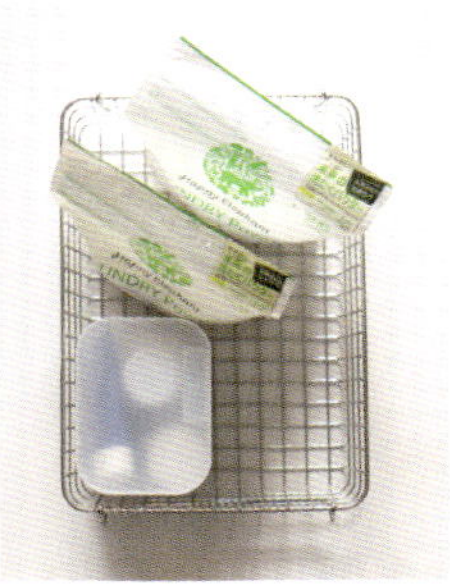

洗濯物は1本の動線で完了

サイドに吊るした角型ハンガーに、この場で洗濯物を吊るしてベランダへ。乾いたらそのまま運んで外し、所定の位置にしまう。ハンガーの隣はコードレスクリーナー。

ラックのサイドも活用して

ファイルボックスに入れていた洗濯用ハンガー[p.127]は、洗濯機の横にS字フック[p.19-12]で引っかけて、最短で手に取れるようにしました。派手なパッケージが気になる漂白剤や柔軟剤は、白いボトルに詰め替えて。

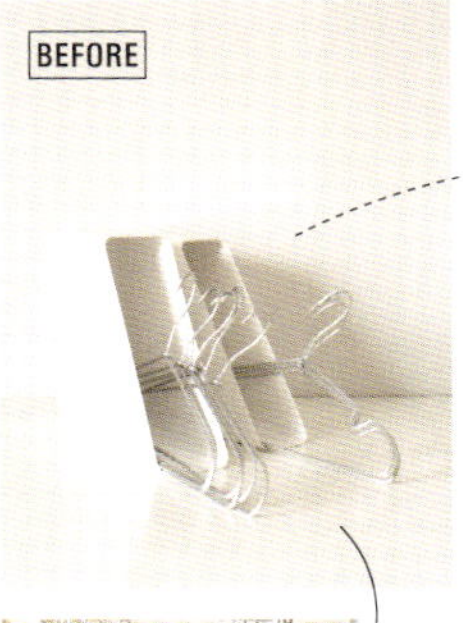

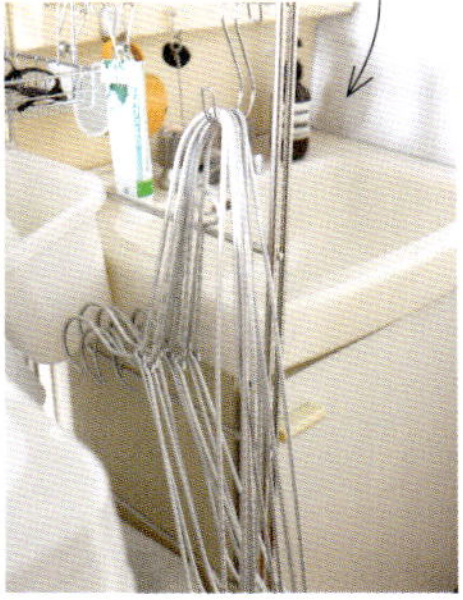

生活感を上手に隠す技が必要不可欠

SANITARY ROOMS

洗面所、浴室、トイレの水回りは、グッズのアイテム数が多いわりに、収納スペースが少ないか、あるいはゼロな場所。油断するとモノに占領され、生活感で溢れてしまいます。家の中でも特に清潔感が求められるだけに、限られた空間を最大限生かす工夫が必要です。

いかに効率よくモノをしまえるか、それらがちゃんと取り出しやすい状態になっているか、掃除はしやすいか…などなど。試行錯誤を繰り返す中で少しずつ形になってきたのが、収納用品で空間を仕切った洗面台下の収納やクリップを利用した吊るす収納、トイレの簡易棚です。必要なモノの定位置が決まり、小さな空間に少しゆとりができたので、グリーンをひと枝。清々しい空気が流れ始めました。

暮らしの小さなシーンに花を飾る。

置くものは最小限にして、すっきりと。

プライベート空間はくつろげる場に。

リラックスタイムを有意義に過ごす。

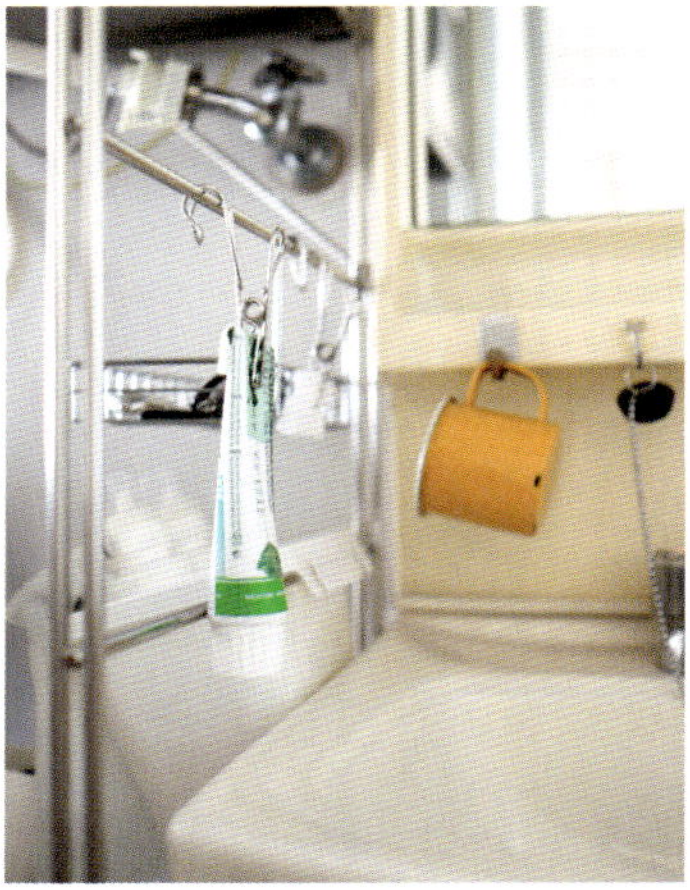

歯磨き粉はワイヤークリップ[p.19-11]でランドリーラックに吊るして収納。使うときはクリップをつけたままで。手を伸ばすだけで取れる、場所を占有しない、濡れても乾きが早い、掃除がしやすい…といいこと尽くめ。

「置く」より「浮かす」で使い勝手がアップ

必要なときに必要なモノがある

ラックにトレイをセットして、コンタクトレンズをはずした時に使う眼鏡の置場に。狭さから生まれた空中使いの妙。

ちょこっと掃除にも最適

メラミンスポンジもワイヤークリップ[p.19-11]に挟んで吊るしている。気づいたときにすぐ使えるので、キレイな洗面台がキープできる。

洗面台下の収納庫。突っぱり棒とコの字ラックで収納量を増やし、メイクボックス、ファイルボックスにストック品などを収納。扉裏にはメッシュバッグを吊るして、細々したモノ入れに。

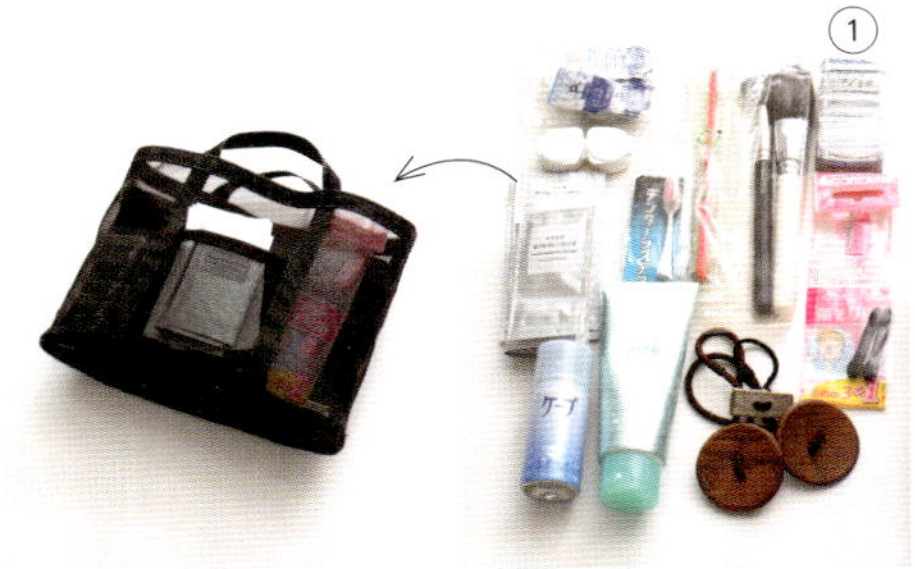

ポケットなどを利用して収納

コンタクトレンズのストックやヘアーケア製品、ヘアーアクセサリー、メイクブラシなど、形、サイズの違う細々したモノを、アイテム別に収納。

ストックはボックスに入る分と決めて

ファイルボックスに柔軟剤などをストック。このボックスに入らない量は買いません。[p.15-05]

トイレ掃除などに使うウエス

着古したTシャツなどは、小さくカットしてウエス（使い捨て雑巾）に。メイクボックスに入れてスタンバイ。[p.16-05]

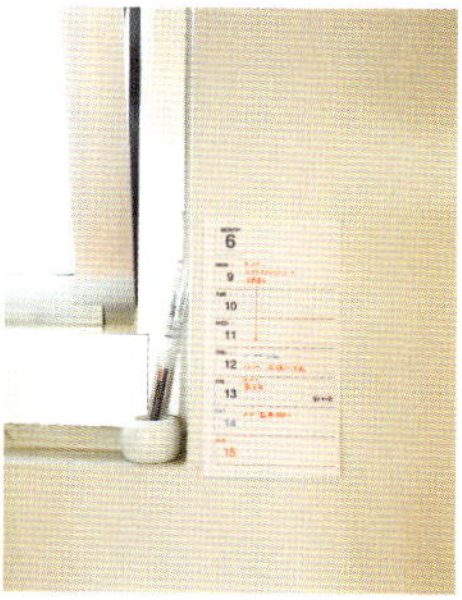

今週の予定を
しっかり確認

壁面には1週間のスケジュール表。メモ用のボールペンを歯ブラシスタンドに立てて。[p.127]

水気が早く
切れるように

ボディタオルや掃除用のスポンジ、洗剤は、ポールにかけて収納。洗顔フォームはワイヤークリップ[p.19-11]で留めて吊るす。

プライベートな空間&時間を心地よく

モノの定位置を決める

アイテム数が多いバスグッズは定位置を決めて。床に直置きしたくない浴室では、水はけの良いボトルラックが必需品。

生活感が見えないように

玄関から丸見えになってしまう水回り。脱衣所もない狭い空間をカーテンで目隠し。

香りでリラックス

アロマランプでふんわりとミントの香りに包まれて。清涼感のある香りで爽やかな気分になる。[p.127]

タンクの後ろに取り付けた突っぱり棒で、簡易棚と洗剤置場が出現。グリーンやミニカレンダーが置けるようになった。吊るした布袋にはトイレブラシの替えを。

ENTRANCE&STORAGE
玄関と物置

「使うモノは使う場所に」を徹底

収納といえば主に押し入れしかない我が家にとって、高さが天井まである容量の大きい靴箱と、ベランダにある半間ほどの物置は大いに助かる存在です。

　靴箱には当然靴を収めていますが、スペースのほぼ半分をCDや本、生活用品類の収納に使っています。夫がコレクションしていた膨大な数のCDを整理し、ジャストサイズのボックスに収めて棚へ。仕事の荷物を入れる紙袋も靴箱を定位置にしています。ベランダの物置の扉裏には、外回り用の掃除グッズやふとんばさみなどを吊るして収納。この扉裏収納は玄関にも採用。家や車の鍵、ほうき&ちりとりなど、玄関先で必要なモノを吊り下げています。「使うモノは使う場所に」を実践する収納です。

家の顔とも言われる玄関は、いつも清々しい空間に整えておきたい。その手段としての収納をいつも考えています。

容量の大きい靴箱は、夫婦2人分の靴を収めても余裕があるので、読み終わった本やマンガ、最近聴いていないCDなどを収納。左側の縦1列の棚は靴好きな夫専用。

置きたいモノを具合よく収める工夫

紙袋の定位置をつくる

出かけるときに必要になることの多い紙袋を右端のすき間に。アクリルの仕切りを貼り付けて簡易棚をつくり、スッと取り出せるようにしました。

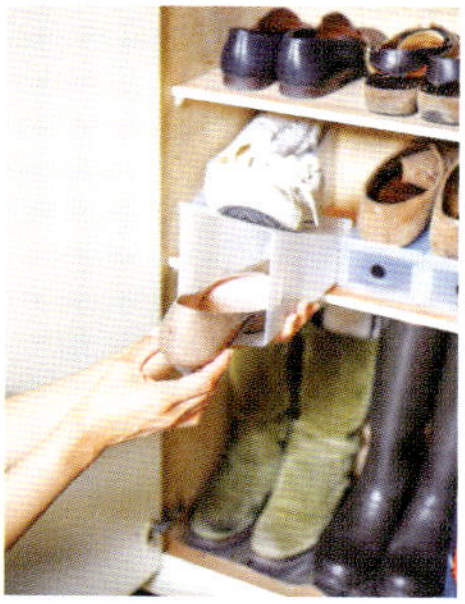

便利なグッズを利用して

シーズンオフやたまにしか履かない靴はシューズホルダーへ。使用頻度の高い靴を上に置けば2倍の収納量に。

靴のお手入れはこの1箱で

「大人の靴」に目覚めた夫が愛用するシューズケア用品。アイテム数が多いので、ボックスにまとめてざっくり収納。

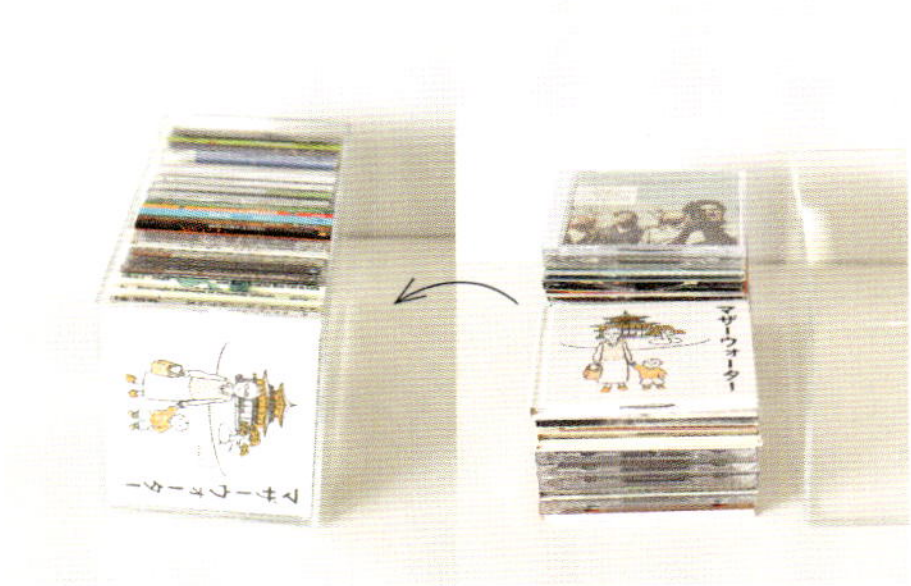

靴箱にぴったりサイズのCDボックス

CDを靴箱の前後2列に並べ、前だけをボックスに。ボックスをスライドさせれば後ろも取り出せる仕組み。収納用品も必要最低数でOK。[p.17-05]

好きな香りが迎えてくれる

靴箱の上にインテリアフレグランスのセットを。玄関を開けた瞬間に爽やかな香りが迎えてくれます。[p.127]

余裕の空間に靴以外を収納

出し入れの難しい上段には思い出の品を入れたファイルボックス[p.127]、雑誌、アルバムなど大判の本を。中段は文庫本、CDにぴったり。バッグにはジム用のシューズや着替えを入れて。

出がけの慌ただしさを軽くする

家の鍵、愛車の鍵、靴べら、ほうきなど、玄関回りで必要なほとんどのモノをこのドアに吊り下げています。すべてがワンアクションで取れる便利さは、出がけのバタバタを軽減してくれる。

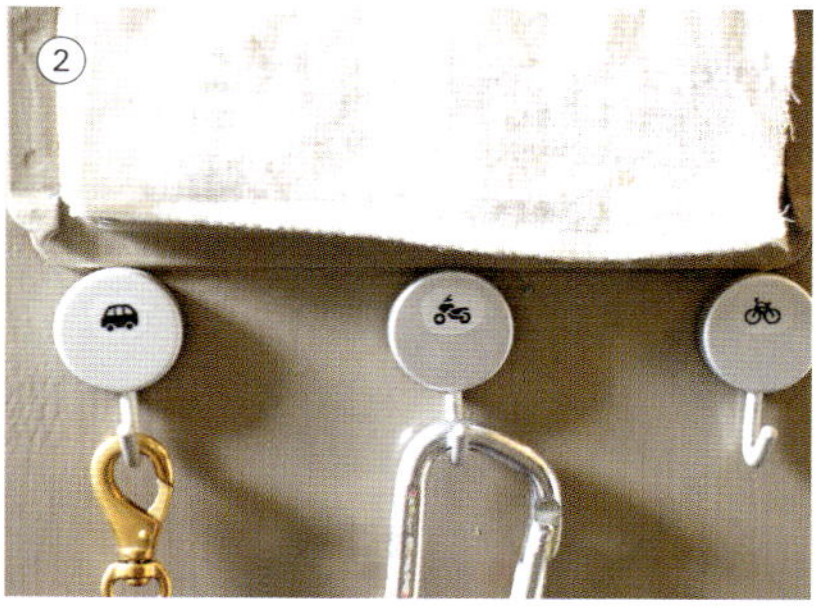

必要なときに必要なモノがある

鏡は外出前の最終確認と帰宅時の疲労度チェックに。チラ見だけでも今日の自分を意識できる。鍵はマグネットフックに吊るして。車、バイク、自転車のイラストシールでラベリング。

たたきの砂埃に気づいたら、ほうきを手に取りササッと掃く。[p.127]

玄関の突っぱり棒が
コートの定位置

家の中で着ることのないコート類は玄関を定位置に。狭いスペースにどうするか、を考えて思いついたのが突っぱり棒。壁際に突っぱり適地を見つけ、コートハンガーの完成。

家の中で使わないモノ

物置のほとんどのスペースを占めるのは、キャンプ用のアウトドアグッズ。シートなどの大物から食器などの小物まで、アイテム別にざっくりまとめて収納ボックスに入れています。

全開にすれば目の前に必要なモノが現れる

よろしければどうぞ

使わなくなった食器や収納グッズ、いただき物など、処分予定の品々を一時保管。友人や取材、打合せでいらした方々の前に、「使えそうなものがあればどうぞ」と開いてみます。

アウトドア用グッズ

元々、仕事道具入れとして使用していた密閉ダストボックス[p.19-03]を、キャンプ用品入れに転用。密閉なので外収納に適しているほか、赤ちゃんのおむつ入れ、ペットトイレの砂入れなどにおすすめです。

デッキブラシやふとんばさみ、ちりとりなど外回りで使うモノは、ベランダにある物置の扉裏に張った突っぱり棒に吊るして収納。
扉を開けると必要なモノが出てきてくれる便利さがうれしいです。[p.127]

column 1

無印良品のアイテムを使って、
本多家のイメージチェンジ

慣れ親しんだ部屋を無印良品のアイテムでイメージチェンジ。
いつもと違う風景が日常に心地よい刺激を与えてくれました。

Rearrange 1

Home Office

家に居ても
仕事がはかどる
空間づくり

リビングの一区画が
ホームオフィスに変身

この家で不満を1つだけ挙げるなら「仕事のしやすいデスクがない」こと。資料を広げながら、長い時間パソコンと向き合っても集中力が続くような、私仕様のワーキングスペースが欲しいと思ってきました。用途が限られてしまう机よりも、使わなくなったら違う場所の収納として転用できるユニットシェルフを選びました。

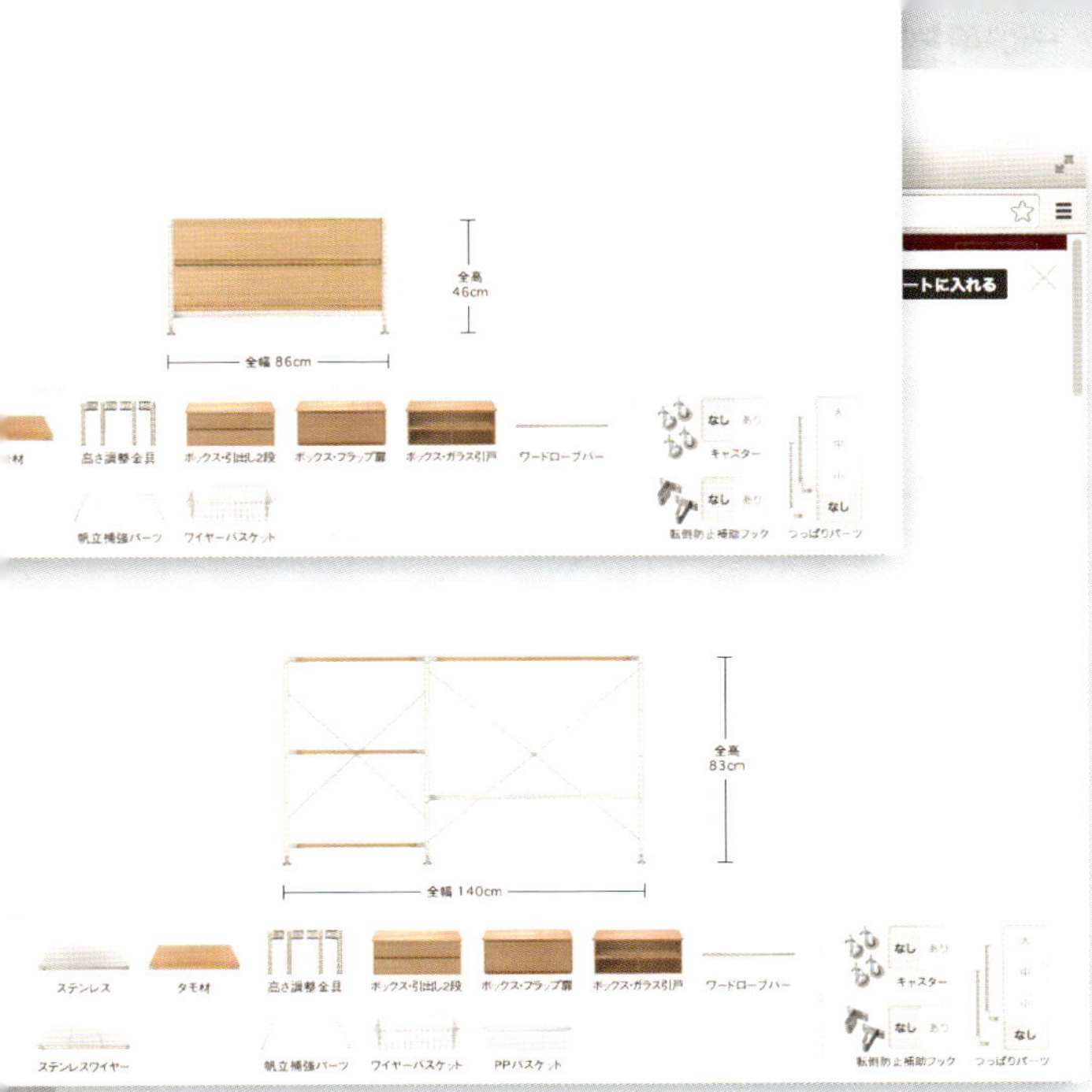

無印良品ネットストアでは、「ユニットシェルフシミュレーター」を使って、用途に応じたさまざまな組み合わせが考えられるようになっている。

① 引き出し

ステンレスユニットシェルフ・ステンレス追加用帆立・ミニ・高さ46cmタイプ用×2、ステンレスユニットシェルフ用帆立補強パーツ・幅84cmタイプ用、ユニットシェルフ用ボックス・引出し・2段・タモ材・幅84.5×奥行41×高さ37cm／合計¥28,100

② パソコンデスク＆シェルフ

ステンレスユニットシェルフ・タモ材棚セット・小、追加用帆立・小・ステンレス・高さ83cmタイプ用、ステンレス追加棚・タモ材・幅84cmタイプ用、ステンレスユニットシェルフ用帆立補強パーツ・幅84cmタイプ、クロスバー・大・ステンレス・幅84cmタイプ用、硬質パルプボックス・フタ式・浅型、硬質パルプボックス・引出式・2段×2、硬質パルプボックス・引出式・深型、成型合板ワーキングチェア（グレー）／合計¥78,330（ユニットシェルフのみ¥28,000）

作業スペースと収納の両立

念願のパソコンデスクに続くシェルフは、高さが同レベルなので資料や文房具を広げて作業台としての機能も。

夫専用の引き出し

木製の引き出しは、夫の漫画コーナーに。背表紙を上にして立てておけば、目当ての1冊が選びやすくなります。

Rearrange 2

Bed Room

スタッキングシェルフ・2段(基本セット)・オーク材・幅42×奥行28.5×高さ81.5㎝、スタッキングチェスト・引出し・4段・オーク材/合計¥20,000
スチール仕切板・中、超音波アロマディフューザー[p.127]

眠るだけでなく、憩いの場としても

寝室は寝るだけの部屋ではなく、壁に寄りかかって本を読んだり、ぼーっと音楽を聴いたりして憩える空間にしたいもの。縦・横どちらでも使えるスタッキングシェルフを導入。引き出しに並んだアロマオイルをディフューザーに数滴たらしてリラックス。

数ある無印良品の収納用品から、
わが家で使用頻度の高いアイテムをご紹介します。

愛用の無印良品収納アイテム BEST 3

1

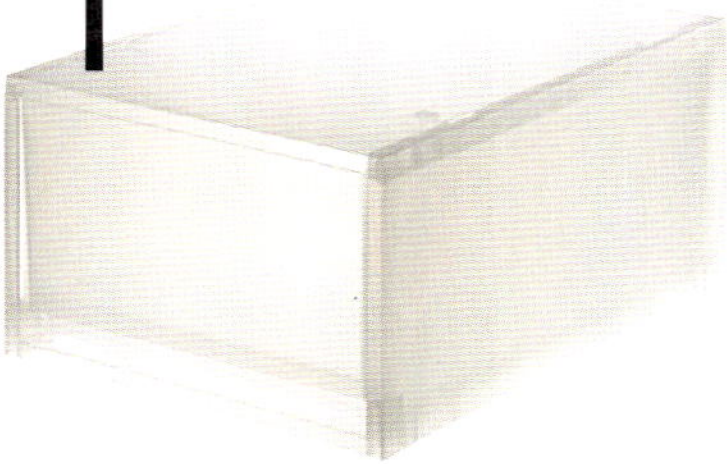

ポリプロピレンケース 引出式・深型

幅26×奥行37×高さ17.5㎝
¥1,000

「ザ・収納」的存在のアイテム。扱いやすいサイズと収納力の高さがポイント。本多家ではランドリーラックの棚に並べて夫婦の下着入れに使ったり、キッチンのオープンラックに組み込んで小物収納、シンク下でお弁当グッズ入れにするなど、家中で使っています。

2

硬質パルプボックス 引出式・2段

幅25.5×奥行36×高さ16㎝・耐荷重1.5kg
¥2,620

スクエアで無骨な感じのビジュアルが私の好みにぴったり。紙製にもかかわらずタフで、複数並べると存在感が増しカッコいい。収納用品ではあるけれど、それだけに収まらない、実用性のある飾りのようなインテリアの一部になるアイテムです。

3

アクリル仕切棚

幅26×奥行17.5×高さ10㎝ ¥540
幅26×奥行17.5×高さ16㎝ ¥720

コの字型の仕切り棚は、シンク上の吊り棚などで収納量アップに使っています。段差をつけることで、上下に置いたモノの出し入れがラクになります。さらに、透明なので視界を妨げることがなく、吊り棚の下から見上げても奥に何があるかがわかります。

＊価格はすべて税込です。

ラベルカタログ

上手に収納できても、どこに何をしまったかを忘れてしまっては、せっかくの収納システムが稼働しません。そんなシステム障害を防ぐために、収納場所を決めたら中身を書いたラベルを貼って可視化をしましょう。このひと手間で、探しモノのストレスから解放され、自分以外の家族も迷うことなく出し入れができるようになります。

ラベリングの必需品

テプラはラベル作りの必需品。書体が統一できるので、手書きよりも視認性が高く、誰が見てもひと目でパッとわかるのが利点。

テプラ&ダイモ

①

②

①テプラの透明ラベルはPPケースの質感になじみ、プリントしてあるかのような雰囲気が出ます。凸凹のエンボス加工がおしゃれなダイモのラベルは、生活感を軽減してくれます。②絵や図を使ったアイコンなら、字が読めない小さな子どもでも自分で片付けられる。

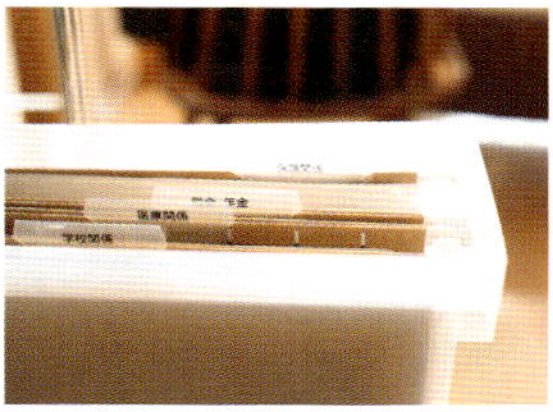

再生紙ハンギングホルダーにテプラの透明ラベルでラベリング。紙に直接貼る場合は、マスキングテープを使うと剥がしやすくて便利。

写真

おもちゃを入れるボックスには100円ショップで購入できるラミネートフィルムでパックして貼ります。

ミニミニサイズにプリントした写真をPPケースに両面テープで貼り付けておけば、中身は一目瞭然。子どものおもちゃや文房具など、細々したモノの収納におすすめです。

タグ

ラベルが貼れない布製の収納用品やかご、衣類カバーなどには、好みのタグにテプラで打ち出した透明のラベルを貼ってオリジナルタグを作成。着脱しやすいように、タグをカードリングで吊るす技も便利。

2

収納の問題を無印良品で解決

SCENE 1

子どもグッズ

帰宅後の上着やバッグを自分で片付けられるようになるには？

壁に付けられる家具・長押・幅88cm［p.18-05］、横ブレしにくいフック・小［p.19-13］

リビング付近、帰宅した子どもの動線上に長押を取り付けて、上着やバッグの指定席に。彼らが届く高さで設置すれば、片付けが自然にできるようになるはず。フックをセットすれば帽子やバッグもかけやすくなります。このフックは裏からねじで固定してもいいでしょう。

自分でおでかけ準備ができるようにするには？

引き出し1つに1アイテム。シンプルなルールで収納してあげれば、「あれがない、これがない」と探さずに選べて支度時間も短縮できます。各引き出しの前面には、中身がわかるようにラベリングを。

ポリプロピレンケース・引出式・深型・2個（仕切付）［p.14-12］

自分で選べて片付けられるおすすめのワードローブはありますか？

子ども用にデザインされた家具より、用途に合わせて変えていけるユニットシェルフがおすすめです。写真はふたごの4歳児専用のワードローブシェルフとしてパーツを組んだもの。子どもの目線を考えて手の届く位置にバーを取り付け、小物用のバスケットを組み合わせ、キャスターを付けて移動しやすくしました。成長とともに変化する持ちモノに合わせて、本棚にしたり、引き出しを増やして箪笥のように使うことも。パーツを組み替えれば、幅や高さも自由にカスタマイズできます。

スチールユニットシェルフ追加用帆立・中（グレー）×2、追加棚・木製（グレー）・幅56cmタイプ用×2、帆立補強パーツ・奥行41cmタイプ（グレー）・幅56cmタイプ用、追加用帆布バスケット（グレー）・幅56cmタイプ用、ワードローブバー・幅56cmタイプ用、クロスバー・小（グレー）、キャスター（4個セット）／合計¥14,542

見つけやすい&片付けやすいおもちゃの収納法は？

子どもが自分で片付けられるように、収納のハードルはとことん下げてあげましょう。ポイポイと入れるだけなら、子どもでも簡単に出し入れができます。「電車」「おままごと」「ブロック」などのゆるいルールで仕分けして、それぞれに定位置を設けます。収納先は、縦でも横でも使えて買い足しもでき、転用も効く収納ボックスが便利です。

パルプボードボックス・タテヨコA4サイズ・4段・ベージュ 幅37.5×奥行29×高さ144㎝／¥3,360×2 ダンボール引出 幅34×奥行27×高さ34㎝／¥750×2 ダンボール引出・2段 幅34×奥行27×高さ34㎝／¥1,400×2 パルプボードボックス用ジョイント金具（2個セット）／¥250

ふたがないタイプのソフトボックスもおすすめです。中身に合わせてボックス自体が多少伸縮してくれるところも収納しやすいポイント。子どもが視覚的にわかりやすいように、写真でラベリングするとお片付け効果はてきめんです。

ポリエステル綿麻混・ソフトボックス・長方形・大・小[p.16-14、12]

読んでほしい本を手にとってもらうには？

リビングなどの壁面に長押をつけてディスプレイしておけば、自然と目に入って手に取り読むきっかけが生まれやすくなります。その時々でお気に入りや、図書館で借りてきた本などをチョイスして飾る楽しみも生まれます。

壁に付けられる家具・長押・幅44cm［p.18-04］

かさばるぬいぐるみ、良い収納法は？

大きなボックスにまとめて収納するのがベスト。放り込むだけでいいように、ふたはナシ。中に入れたぬいぐるみの形状に合わせて多少収縮してくれる、布製の収納ボックスが相性抜群です。

ポリエステル綿麻混・ソフトボックス・L、ポリエステル綿麻混・ソフトボックス・長方形・大［p.16-15、14］

車でおでかけ時、後部座席の散らかりを防ぐには？

吊るして使える洗面用具ケースが便利です。おむつやおしり拭き、ポリ袋、日焼け止めクリーム、絆創膏など細々したものを収め、前席ヘッドレストのポールにひっかけるだけ。そのまま持ち運べるのも◎。

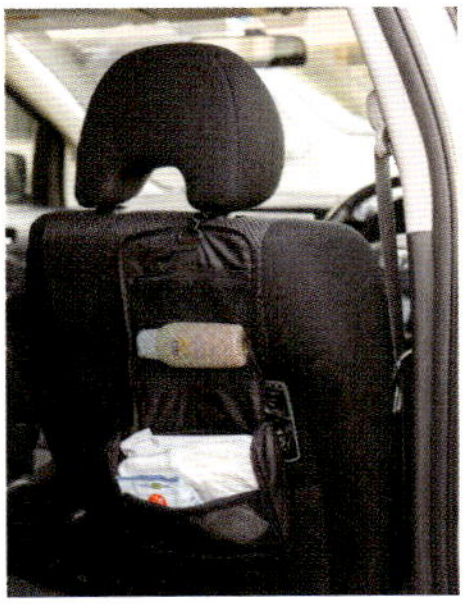

撥水ナイロン・吊して使える洗面用具ケース・大 黒［p.19-07］

SCENE 2

リビング＆ダイニング

つい放ってしまうDM類、どうすれば片付きますか？

アクセスしやすい棚脇などにレタースタンドを両面テープなどで取り付けて、一時置き場にしましょう。手紙やDMはポストから家に入るまでに、「捨てる」と「とっておく」に分別します。捨てるものはそのままゴミ箱へ。とっておくものは、処理するまでここに入れておけば、テーブルの上はすっきり。

アクリルレタースタンド［p.17-01］

行き場のない処方薬。どうしたらいいでしょう？

アクリルケースを収納庫にすれば、中が見えるので飲み忘れ防止にも。錠剤は1回に飲む分ずつハサミでカットし、バラの状態で引き出しへ。薬が数種ある場合は引き出しを分けると取り出しやすい。

アクリルデスクトップケース・3段［p.17-03］

家族共用の日用品。行方不明にならないためには？

引き出し式のケースにアイテム別に分けて収納を。「ペン、はさみ、のり」「爪切り、体温計」など内容を明確にラベリングしておくと、家族が迷わずアクセスでき、きちんと戻してくれます。使うものだけを厳選して。

ポリプロピレン小物収納ボックス・6段・A4タテ［p.15-16］

古新聞の一時置きにおすすめはありますか？

A4サイズがそのまま入るダストボックスを転用。二つ折りした新聞にちょうど良いサイズ感です。週刊誌を処分するまで溜めておくのにもピッタリ。新聞を読む場所の近くに置場を作るのが賢明。

ポリプロピレンダストボックス・角型［p.15-17］

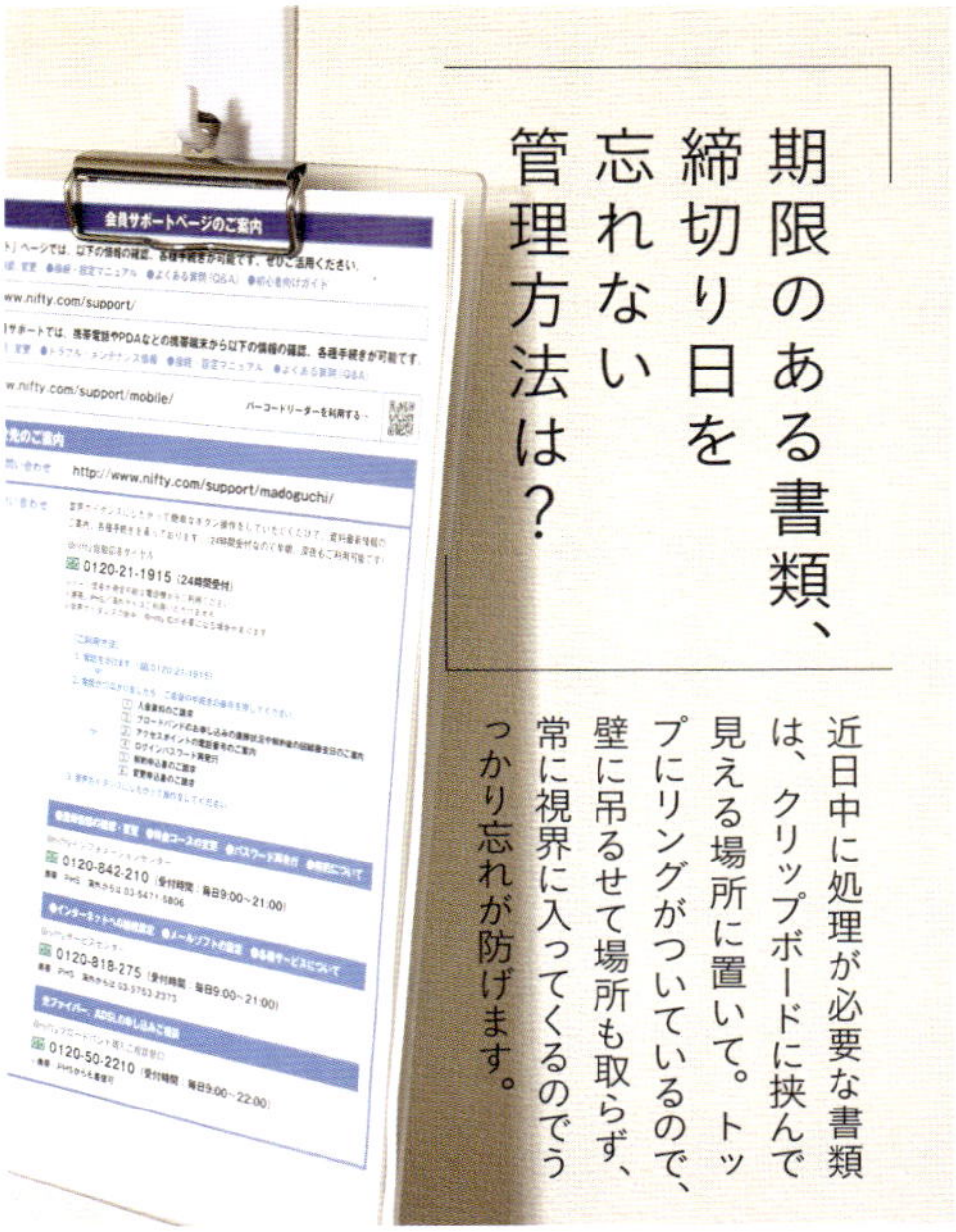

期限のある書類、締切り日を忘れない管理方法は？

近日中に処理が必要な書類は、クリップボードに挟んで見える場所に置いて。トップにリングがついているので、壁に吊るせて場所も取らず、常に視界に入ってくるのでうっかり忘れが防げます。

アクリルクリップボード（A4用）［p.17-11］

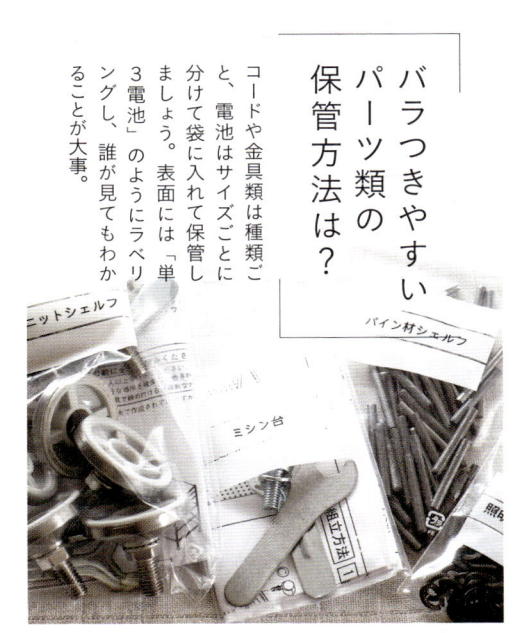

バラつきやすいパーツ類の保管方法は？

コードや金具類は種類ごと、電池はサイズごとに分けて袋に入れて保管しましょう。表面には「単3電池」のようにラベリングし、誰が見てもわかることが大事。

小分け袋・アソートタイプ（4サイズ・計11枚入）［p.127］

診察券などの収納法は？

通帳やパスポートなど手帳サイズの貴重品はメッシュケースに、カード類、診察券などはカードホルダーに入れ、引出式ボックスへ。ポーチもホルダーも中身が判別しやすいので、誰もがわかるようにするには最適。

ナイロンメッシュハードケース・大 黒、
ポリプロピレンカードホルダー・3段・60枚用・サイド収納、
硬質パルプボックス・引出式・深型［p.127、p.18-06］

SCENE
3
キッチン

システムキッチンの深い引き出しを上手に活用するには？

深い引き出しには、背の高い調味料や縦長の食材を立てて入れましょう。倒れやすいものは、ファイルボックスに収納すれば自立します。半透明なので、そのまま持ち上げれば中身がひと目で確認できます。シンプルなスクエア型は並べても無駄なスペースが生まれず、使い勝手は抜群です。

ポリプロピレンファイルボックス・スタンダードタイプ・ワイド・A4用[p.15-06]、ポリプロピレンファイルボックス・スタンダードタイプ・A4用[p.15-05]

取り出しやすさ優先のキッチンツール収納は？

キッチンツールは持ち手側より先端の方が重いので、重量のあるスタンドを選ぶことがポイント。重心を下にした磁器スタンドは、ツールを頻繁に抜き差ししても倒れにくいので安心です。

磁器ベージュ・キッチンツールスタンド［p.19-09］

形や大きさがまちまちな製菓グッズ。どうやって収納すればいいの？

大容量のファイルボックスなら、ざっくりまとめ収納ができる。アクセスしにくい吊り戸棚に収めても、前面に開いた穴を手がかりに簡単に引き出せます。透けて見えるので、何を入れたかも確認可能。

ポリプロピレンファイルボックス・スタンダードタイプ・ワイド・A4用［p.15-06］

オープンキッチンでも手拭き用クロスを吊るすには？

濡れた手をすぐふけるように、水回りの近くを定位置に。シンクとコンロが同列にある場合は、レンジフードにマグネットタイプのフックで吊るしておくと便利です。風通しが良いので、乾きも早いです。

アルミフックマグネットタイプ・小［p.19-10］

常温で保存する根菜などの野菜類。おすすめの収納法は？

冷蔵庫に入れる必要のないいも類や玉ねぎ、にんにくなどは、収納ボックスに入れてキッチンの冷暗所へ。紙袋をカットして上部を内側に折り込み仕切りケースにすると、じゃがいもなどの泥でボックスが汚れる心配がなくなります。

ポリエステル綿麻混・ソフトボックス・長方形・ハーフ・小［p.16-08］

お弁当用の小袋調味料が冷蔵庫のドアポケットで行方不明にならない方法は？

ピンチで挟み、ドアポケットの縁に吊るしておけば見失わず、冷蔵庫を開ければ目の前に現れるので、使うタイミングを逃すこともありません。

ステンレスひっかけるワイヤークリップ［p.19-11］

たためないランチョンマットはクリップで挟み、扉裏や取っ手のバーに吊るして収納。しまい込むと使わなくなるので、目にするところを指定席に。水拭きした後の乾燥にも、吊るして収納は効果的。

ステンレスひっかけるワイヤークリップ［p.19-11］、アルミハンガー・吸盤タイプ［p.127］

いつも使うトレイや たためないランチョンマットの 収納、どうしたらいい？

キッチンの棚のすき間やカウンターの上などに収納スタンドを置いて、トレイや鍋敷きを立てて収納。クリアなアクリル素材は視覚的な圧迫感がないので、見える場所に置いても気になりません。

アクリル収納スタンド・A5サイズ［p.17-04］

18-8ステンレスワイヤーバスケット2［p.19-01］

重なるラタン長方形バスケット・小［p.18-15］

オープンでも 見た目& 使い勝手が 良い食器の 収納法は？

よく使う食器ほど、オープン収納にすればラクに片付けられます。浅く広い形状のワイヤーバスケットは、マグやグラス類を並べて収めるのに好都合。業務用風の無機質な質感とシンプルなデザインも◎。器が傷つかないように、ふきんを敷いて。ラタンは丈夫なので、食器を収納してもタフに支えてくれる頼もしい収納用品。見た目もよいので、目につく場所にこそ活用しましょう。ディッシュスタンドを入れ込んで、皿が自立するようにすれば、必要なものをラクに取り出せます。

SCENE 4

押し入れ&クローゼット

クローゼット内で小物を選びやすく収納するにはどうすればいい？

靴下、タイツ、ブラジャー、インナー類、ハンカチなど、たたむと小さくなるモノの収納には、布製で深さの浅い収納ボックスが適任。チェストの上に並べたり、シェルフと組み合わせて引き出しのように使用できます。

ポリエステル綿麻混・ソフトボックス・浅型・ハーフ[p.16-09]

かさばってしまいにくい厚手ニットはどうすれば？

クローゼットなどバーがある場所なら、吊るせるタイプのホルダーがおすすめです。セーターやひざ掛けなど、かさばる冬物もクルクルッと巻いて入れれば、取り出しやすくシンプルに収納ができます。

ポリエステル綿麻混バッグホルダー[p.16-10]

型崩れしやすい帽子。どうやってしまっておけばいいの？

押し入れやクローゼットの上部のデッドスペースに、ポールを2本平行に設置。上に型崩れしやすいハットなどをのせ、さらにフックをつければキャップなどを吊るすことができます。空間を有効に使える上、一覧性が出て選びやすくなります。

スチールアジャスターポール・細・M／シルバー70〜120㎝［p.19-05］

バッグや鞄のさっと選べて取り出しやすい収納方法は？

形もサイズもさまざまで、収納が難しいバッグは、大きなかごにひとまとめにしておけば型崩れしにくく、出し入れも簡単。ワイヤーのかごは通気性がいいので、湿気のこもりがちなクローゼットにこそ活用したいアイテム。

18−8ステンレスワイヤーバスケット6
［p.19-02］

トートバッグをひと目でわかるように収納するには？

床置きしにくいバッグや、トートバッグなどサイズの大きいものは、クローゼットのバーにS字フックで吊るしておくと扱いやすく、型崩れも防げます。「こんなバッグ持っていたんだ…」もなくなるはず。

アルミS字フック・大［p.19-14］

サイズアウトした子どもの服、どうやってしまっておけばいい？

旅行用のアイテムがおすすめ。衣装ケースのようにたたんで収納ができ、前面がメッシュになっているので何が入っているかがひと目でわかります。「110夏物」というようなメモをメッシュ部分に見えるように入れておけばベスト。

ナイロンたためる仕分けケース・大 ネイビー［p.19-06］

出番の少ないものを簡単にしまっておくには何がいいですか？

風呂敷が便利です。季節外の衣服や使用頻度の低いものなどを包んで収納します。使わない時はコンパクトにたためて収納場所も取りません。捨てるか迷っている衣服の一時置きとしても。

ナイロンリップストップ風呂敷 ネイビー・約100×100cm［p.19-08］

衣替えの衣類、どうやってしまっておいたらいい？

シーズンオフや冠婚葬祭用の衣服など使用頻度の低いものは、チャックのついた衣装ケースに収納して押し入れの天袋やクローゼットの上部へ。軽い布製で持ち手のついたケースなら、高い位置でも取り出しは簡単。布製のボックスは、収納量に合わせて伸縮するのも重宝します。

ポリエステル綿麻混・ソフトボックス・衣装ケース・大[p.16-16]

SCENE

5

書斎＆PCスペース

パルプボードボックス・スリムサイズ・5段・ベージュ 幅25×奥行29×高さ180㎝／¥3,570×3、パルプボードボックス・タテヨコA4サイズ・5段・ベージュ 幅37.5×奥行29×高さ180㎝／¥3,990×2、パルプボードボックス用ジョイント金具（2個セット）／¥250×3

増え続ける本。どんなサイズの本棚を選べばいいでしょう？

横置きに積んで使えるパルプボードボックスは、本のボリュームに合わせて増減できて、柔軟に使えます。スリムには文庫本を前後2列に収納可能。シンプルなボックス型なので、将来的に用途変更することも可能です。

アルバムに分散する昔の写真の管理方法は？

すべての写真をバラの状態にし、1つの箱での管理がおすすめです。写真の向きを揃え、ボックスに入れておけば、アルバムよりもグンと省スペース。コンパクトになれば身近に置いておけるので、見返す機会も増えるはず。インデックスを写真サイズにカットしてはさめば、時代や人で分類可能に。

硬質パルプボックス・フタ式・深型・ハーフ［p.18-12］再生紙インデックス・ベージュ（A５サイズ・20穴・5山）［p.127］

探しやすい書類の分類法はありますか？

ファイルボックスに専用の再生紙ハンギングホルダーを引っかけて使えば、「保険関係」「医療関係」「学校関係」などさまざまな書類を仕分けして収納できます。インデックス付きなので、ラベリングも手間いらず。ホルダーは書類を挟んで保管できるので、必要な項目だけを取り出せて便利です。

再生紙ハンギングホルダー・(A4サイズ用・5枚・見出しインデックス付)[p.127]、ポリプロピレンファイルボックス・A4用[p.15-04]

毎年いただく年賀状。ファイルに収納すべき？

重なるアクリルDVDラック・ボックスタイプ[p.17-09]

一端ファイルに入れてしまうと、処分する際に1枚ずつ出さなければならず、大変な手間になります。作品として手元に残しておきたい物であれば別ですが、年賀状のファイリングはあまりおすすめできません。年ごとに輪ゴムやクリップでまとめ、間に仕切りを入れてボックスにIN…くらいの方が管理しやすいはず。

雑誌、新聞の切り抜きの保存はどうすれば？

再生紙ペーパーホルダー、A4サイズ用・5枚入り[p.127]

後で不要になってもそれだけ省けるように、あえてスクラップはせず、カテゴリーで分類し、ホルダーに挟んで管理するのがおすすめ。そのままファイルボックスや本棚に立てておけば省スペースにも。

名刺の手軽な収納法は？

どんどん増えていく名刺。管理が大変！という人におすすめなのが、仕切りスタンドに立てて収納する方法。わかりやすいように分類しておけば、探す際の手間は軽減、しまうときもワンアクションで済みます。

重なるアクリル仕切付スタンド・ハーフ・小[p.17-06]

SCENE

6

寝室

目覚まし時計や携帯電話…ベッドサイドに置き場をつくるには？

床面にスペースを確保できなければ、壁面を活用しましょう。石膏ボードの壁に取り付けることのできる棚がナイトテーブルとして大活躍。読みかけの本や飲み物を入れたマグなど、モノが置けるちょっとしたスペースがあると寝室はほっとできる空間になります。

壁に付けられる家具・棚・幅44cm［p.18-03］

アクセサリーの収納でおすすめの方法はありますか？

アクリルケース用の仕切り箱を、ドレッサーなどの引き出しにそのままセットして使う方法があります。深さのある引き出しには、同サイズの仕切り箱を上下に重ねて使えば、細々としたアクセサリーもごちゃつかず、ラクに取り出せます。全体を見渡せるので、アクセサリー選びもスムーズに。

重なるアクリルケース用ベロア内箱仕切・格子、重なるアクリルケース用ベロア内箱仕切・縦、重なるアクリルケース用ベロア内箱仕切・大・ネックレス用［p.17-13、14、12］

ヘアアクセサリーを選びやすく収納するには？

アクリルフォトハガキボックス・ハガキサイズ用［p.17-10］

アイテムが多く、ついつい数が増えてしまうヘアアクセサリーは、行方不明や死蔵品にならないように、1か所にまとめて管理。アクリルのふた付きボックスなら、全体を確認できて、ほこりも防げます。

細かいコスメの収納法は？

ポリエステル綿麻混・ソフトボックス・長方形・ハーフ・小［p.16-08］、ポリプロピレンメイクボックス・仕切付・1／2横ハーフ［p.16-06］、ポリプロピレンメイクボックス・1／2横ハーフ［p.16-05］

バラバラのコスメ用品は、ケースinケースで使いやすく整頓。ソフトボックスの中にメイクボックスを組み合わせれば、細かいコスメも取り出しやすく収納できます。

SCENE

7

ユーティリティー & サニタリー

① 奥行のある棚でも、奥のモノを取り出しやすくするには？

棚の奥行にあったバスケットを選べば、引き出しのような用途で使うことができ、奥に置いたモノへスムーズにアクセスできます。タオルは好きなものをスッと取り出せるように、くるくると巻いて立てて収納します。

② 家族全員のパジャマや下着の収納法は？

パジャマや下着は、ひとり1つの引き出しが管理しやすくおすすめです。小さな子ども用はデッドスペースができないように浅型にするといいでしょう。子どもが自分で身支度、片付けができるように、それぞれの引き出しには持ち主の名前をラベリングします。

③ 洗剤や柔軟剤の保管法は？

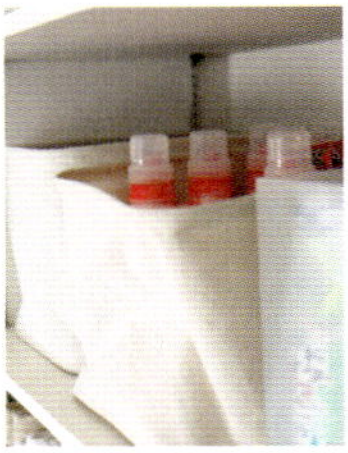

洗濯系のストックはかなりの重量になるため、収納は軽い布製のボックスがおすすめ。ストックする数はここに入る分だけと決めます。余白スペースにはファイルボックスで収納してもOK。

④ 絡まりやすいハンガーの収納法は？

ファイルボックスの背面が底になるように置いて、洗濯用ハンガー入れに。ばらばらにならず自立するので、必要な本数をすっと抜き取れます。ハンガーを同じ種類で揃えれば、見た目もすっきり。

バスマットを乾きやすく収納できる？

洗濯機の前面にハンガーをつけておけば、使用後のバスマットをかけて、乾かしながらの収納が可能になります。ここなら洗濯へのアクセスも最短です。

アルミタオルハンガー・吸盤タイプ [p.127]

ヘアバンドの定位置を作るには？

洗面台の近くにフックを取り付ければ、ヘアバンド専用の置場が完成。毎日使うものだからこそ指定席を用意しましょう。

壁に付けられる家具・フック・タモ材 [p.18-01]

①18-8ステンレスワイヤーバスケット6［p.19-02］ ②ポリプロピレン収納ケース・引出式・小、ポリプロピレン収納ケース・引出式・大［p.14-04、05］ ③ポリエステル綿麻混・ソフトボックス・長方形・中、ポリプロピレンファイルボックス・スタンダードタイプ・A4用［p.16-13、p.15-05］ ④ポリプロピレンスタンドファイルボックス・A4用、ポリプロピレンスタンドファイルボックス・ワイド・A用［p.15-07、08］

お風呂掃除グッズを、使いやすくすっきり収納するには？

浴室で使うブラシやスポンジ、スクイージーなどは、吊り下げ収納がおすすめ。ハンガーに取り付けたフックに吊るしておけば、自然に水切りもできて衛生的です。

アルミタオルハンガー・吸盤タイプ、アルミタオルハンガー用フック［p.127］

子どものバスタイム用おもちゃの収納はどうすればいいですか？

洗濯ネット・大［p.127］、ステンレスひっかけるワイヤークリップ［p.19-11］

洗濯ネットに入れて、ワイヤークリップでバーなどに吊るせば、水切りしながら収納することができます。ネットの開口部が広いので、遊んだ後に子どもが自分でお片付けしやすいのも利点。角がなく、安全なのもおすすめポイントです。

入浴剤用詰替ジャー［p.127］

たくさんある ネイルや コスメ用品を、 選びやすく 収納するには？

カラフルなコスメ用品は、透明容器を利用した収納がおすすめ。中身が見えて選びやすく、広口で出し入れもスムーズ。プラスチック製なので軽くて壊れにくく、汚れたら洗えるのもポイントです。引き出しに収納する場合は、蓋にアイテム名のラベリングをしましょう。

トイレに収納棚が ありません。 ストック品の収納は どうすれば いいでしょう？

壁面の適当な位置に棚を取り付けて、ストック品置場にするといいでしょう。トイレットペーパー数個と一緒にグリーンなどもディスプレイできて、収納だけでなく空間演出が楽しめるのも魅力です。

壁に付けられる家具・棚・幅44cm［p.18-03］

SCENE
8
玄関

出がけに玄関で鍵を探さないようにするには？

玄関ドアにトレーをつけて、カギの指定席にしましょう。家の中で使うことのないカギは、帰宅したらすぐここに置く、を習慣にすれば行方不明は解消。最短距離で無理なく手に取れるので出がけもスムーズです。一緒に印鑑を置けば、宅配便の受け取りにも便利です。

スチール面に付けられるトレー［p.19-04］

玄関に傘をしまえる場所を作るには？

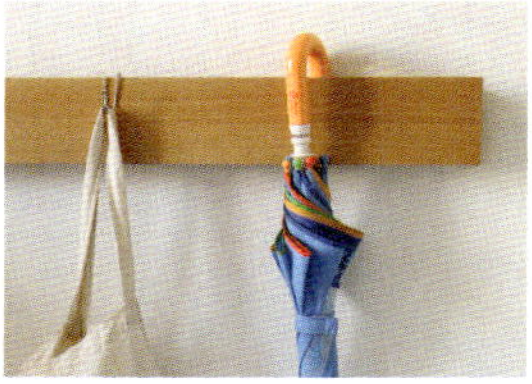

壁に付けられる家具・長押・幅44㎝
［p.18-04］

壁面に長押を取り付ければ、柄の部分を引っかけることができます。折りたたみ傘など柄のないものは、フックを使ってハンギング。靴べらを引っかけておけば、サッと手に取れて便利です。小物などもエコバッグに入れて吊るせば収納可能です。

収まりきらなかった靴の行き先は？

スチールアジャスターポール・細・M
［p.19-05］

靴箱の高さのある段に2本のアジャスターポールを平行にセットすると簡易棚になり、収納量を増やすことができます。この棚にしまう靴は、子どもの小さな靴や女性のフラットシューズ、ビーチサンダルなど、あまり高さの出ないものがおすすめです。

子ども靴の棚が砂だらけ…を解消するには？

ポリプロピレンメイクボックス・1/2横ハーフ［p.16-05］
卓上ほうき（ちりとり付き）［p.127］

玄関ドアや靴箱の扉裏、棚の空きスペースなどに卓上用のほうきとチラシを折ったゴミ箱を常備。気づいた時にササッと掃き、集めた砂をチラシ箱に入れて近くのゴミ箱へ。無駄のない流れの中で玄関掃除が完了です。

玄関で場所をとるヘルメットやグローブは、どうやって収納すればいい？

靴箱やラックの下に空間があれば、浅いタイプのボックスにキャスターをつけて収めます。使うときにスッと引き出せて掃除もラク。汚れたら気兼ねなく水洗いができます。外でしか使用しないものは、家の入口付近を定位置にすると、片付けがムリなくできます。

ポリプロピレンキャリーボックス・大［p.14-14］、ポリプロピレン収納ケース用キャスター［p.127］

シューケア用品、レインコート…小物の散乱を防ぐには？

靴箱の棚に専用の収納ボックスを置きましょう。さまざまなグッズをざっくりしまっても、引き出しタイプなら探しやすく、しまうのも簡単。すっきりと整った玄関がキープできます。

ポリプロピレンケース引出式・横ワイド・深型［p.14-10］、ポリプロピレンメイクボックス・1／2横ハーフ、仕切付・1／2横ハーフ［p.16-05、06］

番外編

運転中にサングラスを片手ですぐに取れるようにするには？

アクリルのペンスタンドを利用して、愛車のドアポケットに指定席を確保。サングラスを立てて収納します。ペンを取るような感覚で、スッと取り出しやすく、しまうのも簡単です。

アクリルペンスタンド［p.17-02］

column 2

収納実例集

ここでは、整理収納サービスに
伺ったお客様宅の、
無印良品のアイテムを活用した
収納実例をご紹介します。

キッチン編

DATA
家族構成…ご夫婦と長女（9か月）
ご希望…赤ちゃんに危険の少ないキッチンにしたい

BEFORE

作り付けの収納家具はどれもコンパクトな上、
設置した収納家具が収納力、耐久力に欠ける。

安心して使えるキッチンに

赤ちゃんがよちよち期に入って行動範囲が広がる前に、オープン過ぎるキッチン収納を改変。アイテムが増えるベビー用品の定位置が決められるように、収納容量も増やす。

冷蔵庫上部も収納棚に

収納スペースが満員のため、冷蔵庫のトップもつい置場に。目線より上にあるため存在を忘れがち。気づくと賞味期限切れに…。

危険性の高いレンジ棚

使用頻度の高いモノが集まる棚。オープンなのでモノが落下しやすく、耐荷重も不安。赤ちゃんが歩き始めたら最も心配な場所。

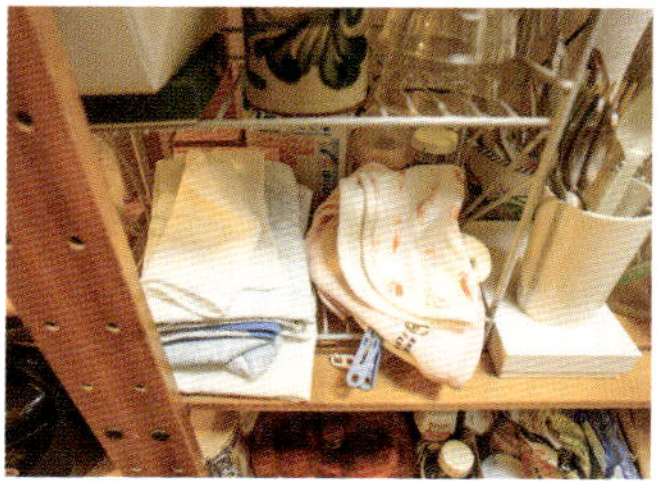

増え続けるベビー用品

ベビー用品の行き場が定まらず、とりあえず空きスペースに。その結果、後ろに置いたモノの出し入れが不便に。

必要な家具とグッズを準備

下見の際に収納するアイテムの量を把握し、収納スペースを計測。それに基づいて用意した収納家具や収納グッズをセットアップします。

WORK

スペースや目的にあった家具を導入。
収めたいモノを可視化、分類し、定位置を決めて収納。

すべてのモノを出して分類

分散して収められているモノを1か所に集め、「食器」「保存容器」「子どものもの」など同じ働きをするモノごとに分類。食材は在庫が把握できるように「乾物」「レトルト・ルー」「調味料」などカテゴリー別に。分類に迷ったら、スーパーの売り場を思い出すと良い。

さらに使用頻度で分類

食器や調理道具など、同じ分類内でも使用頻度に差が生じるモノは、よく使う1軍、たまに使う2軍、出番が極めて少ない3軍に細分類する。この作業から、取り出しやすい位置に1軍、アクセスしにくい場には3軍…など、収納にメリハリをつけることができる。

食器棚とワゴンで収納量UP

無印良品のユニットシェルフを組んで、収納&家電置きとしての食器棚と、移動して作業台にもなる便利なワゴンを設置。用途やサイズは違うが、素材、奥行が同じなので、キッチンに統一感が生れます。食器棚の上段にはガラス戸を採用。高い位置でも中身を確認しやすいです。

AFTER

冷蔵庫からワゴンまでが一直線上にすっきりとまとまり、機能的な印象に。危険な状態も改善。

ワゴンには食卓で使うモノを

ダイニングテーブルから手が届くワゴンには、赤ちゃん用のガーゼやスタイ、カトラリー、食後に使うマグカップなどをまとめて収納。

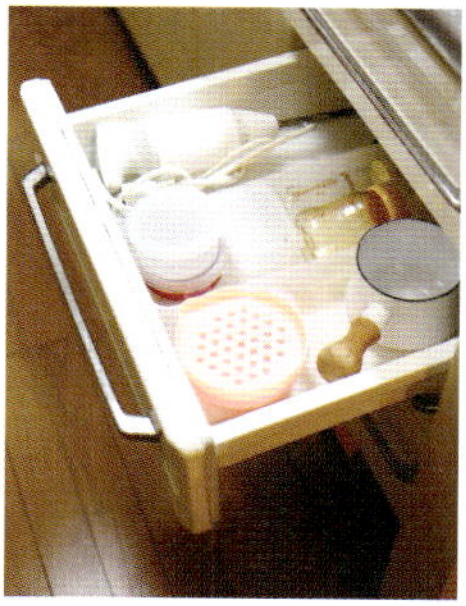

離乳食グッズはシンク側に

シンク側の引き出しには、離乳食づくりに使うツール類を。作業しながら手を伸ばすだけで必要なモノの出し入れが完結する。

食器棚…ステンレスユニットシェルフ・ステンレス追加用帆立・大・高さ175.5cmタイプ用×2、ステンレス追加棚・タモ材・幅84cmタイプ用、ステンレスユニットシェルフ用・帆立補強パーツ・幅84cmタイプ用、クロスバー・大×2、ユニットシェルフ・ボックス・引出し・2段・タモ材×2、ユニットシェルフ・ボックス・ガラス引き戸・タモ材／合計¥80,000
ワゴン…ステンレスユニットシェルフ追加用帆立・小・高さ83cmタイプ用×2、ステンレス追加棚・タモ材・幅56cmタイプ用×2、ステンレスユニットシェルフ用・帆立補強パーツ・幅56cmタイプ用、ステンレスクロスバー・小・幅56cmタイプ用、ステンレス追加用ポリプロピレンバスケット・幅56cmタイプ用、ユニットシェルフ用キャスター・4個セット／合計¥21,250

ガラス戸の中の食器類

食器棚の上部には、平置きすると面積を要する皿や、重ねると高さが出る食器を。下の棚には、3つのラタンボックスに分類した食品を。

日常食材はラタンボックスへ

ラタンボックス[p.18-15]に分類することで、在庫管理が明確に。「お茶」「お菓子」「乾物」と収納アイテムがすぐわかるように、ラベリングは忘れずに。食材は寝かせると紛れ込んでしまうので、自立させて収納する。

最下段には重量級を

飲料水や備蓄食品、缶詰、液体調味料など重いモノは下段へ。食品名がわかるように収めて。

保存容器は1か所に

キッチンのあちこちに分散し、使うときに取り出しにくかった保存容器はこちらに集合。

食材のストックは2段目に

ストック食材はここ。中身がひと目で確認できる引き出しは、食材の収納にこそ役立てたい。

使用頻度の高いモノの定位置

最も出し入れしやすい引き出し。ここには、1軍から数枚重ねてもこの深さに入る食器を。

クローゼット編

DATA
家族構成…ご夫婦
ご希望…服をすぐ探せて、取り出しやすいクローゼットにしたい

WORK

収めるべき衣類と小物を
把握するためすべてを出して分類。
その後それぞれの定位置を決める。

季節とアイテムで分ける

家のあちこちに分散して収められているモノを1か所に集め、「冬アウター」「夏トップス」「通年ボトム」のように季節やアイテムで分類し、同じ働きをするモノ同士を集合させる。こうすることで、何をどれだけ持っているかが把握でき、不要なモノも判断しやすくなる。

付箋でラベル付け

分類するときは、内容を記した付箋を貼っておくと作業も明確。ここでは、ハンガーに掛けるモノとたたんで収納するモノで色を変えている。

BEFORE

家のあちこちに分散しているモノを
ひとつにまとめ、目的のモノを
探しやすくしたい。

収納の小さなストレスを解消したい

引き出しが12段もあるため収納が複雑になり、どこに何が入っているのかわかりにくくなっている。また、吊るした衣類同士が圧迫されて、気づくとシワになっている。

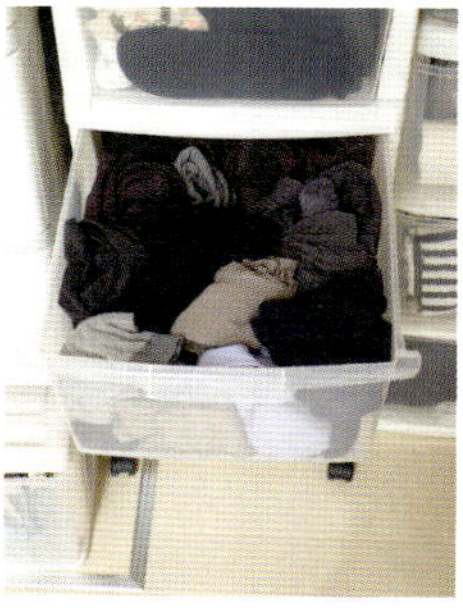

層になってしまう靴下

深さのある引き出しに放り込まれた靴下は上下で層になり、何がどこにあるかわかりづらい。いくつかは死蔵されている。

AFTER

たたみと吊るしのスペースを
明確に分けることで余白も生まれ、
風通しのよいクローゼットに。

シンプルがいちばん

ハンガー[p.127]が揃うと、かけた衣類の高さも揃って選びやすい。ハンガーが足りなくなったら服が増えているサイン。

「何がどこに」がシンプルにわかりやすく

分類した衣類は、形状や使用頻度に合わせて配置。日々の出し入れのしやすさ、アイテムの選びやすさを大切に考えた。ハンガー掛け衣類は丈を揃えつつ、アイテム別に並べた。たたんだモノは、PP収納ケース・引出式・横ワイド(小、大3段、深[p.14-07、08、09])を組み合わせて。

奥行を有効活用

押入れ並みの奥行を活用。奥の壁に長押[p.18-05]を取り付け、季節外のアウターなどを吊るす。(耐荷重6kg)これで衣替えが容易に。ヘッドが回転するハンガーを使用。

壁面も活用したい

死角になりがちなサイドの壁面にも、フック[p.18-01]を設置して収納スペースに。よく使うバッグやストールを吊り下げ収納に。

②

インナーは仕切りケース[p.15-02]に入れ引き出しへ。ケースの高さと幅に合わせてたたむのがポイント。

①

靴下はたたむとちょうど良いサイズ感の布製ボックス[p.16-09]に。ラインナップがひと目でわかる。

日常使いのモノは上段に

毎日活躍する靴下やインナー類は、取り出しやすい上段へ。ケースの深さに合わせてたたみ、立てて収納。層になっていた靴下もすっきり。[p.14-07]

モノのサイズに合わせて

いちばん下にはかさばるバッグを入れるため、深さのある引き出し[p.14-09]をチョイス。引き出しの深さは入れるモノのサイズに合わせる。

入れ方は柔軟に

トップスは仕切りケース[p.15-03]に入れて左右、ボトムスは前後で2列に立てて収納。入れ方は衣類や引き出し[p.14-08]のサイズに合わせて。

3

サイズを知って賢く収納

すべて〝人〟のサイズが基本です

普段の暮らしの中で、サイズを意識することはほとんどないものです。けれど、動きやすいキッチン、しまいやすいクローゼット、会話が弾む距離、落ち着く広さなど、心地よい住まいには空間のサイズが大きく関わっています。そして、この心地よさは〝人〟で決まります。

モノにサイズがあるように、人にも身長や体の厚み、腕の長さ、手の大きさ、目の高さなど、さまざまなサイズがあります。これらを考えて収納すると、使いやすさはぐんとアップします。そこで活用したいのがヒューマンスケール。身体ものさしです。

人間の体の寸法の割合は、だいたい決まっています。例えば、両手のひらを合わせて肘をはった幅は約60㎝。これは人がスムーズに歩ける幅、プラス10㎝で隣の人とぶつからずに食事ができる幅になります。膝の高さは身長の1／4。これは、椅子の座面の適正な高さです。動きづらい、座りづらいと感じているのは、体に合った幅、高さが確保されていないため。不都合の元がわかれば、改善は容易です。自分のヒューマンスケールを知って暮らしの空間を見直してみると、ムリなく手が届く高さ、出し入れしやすい奥行、扱いやすい大きさなどが自然と意識できるようになってきます。

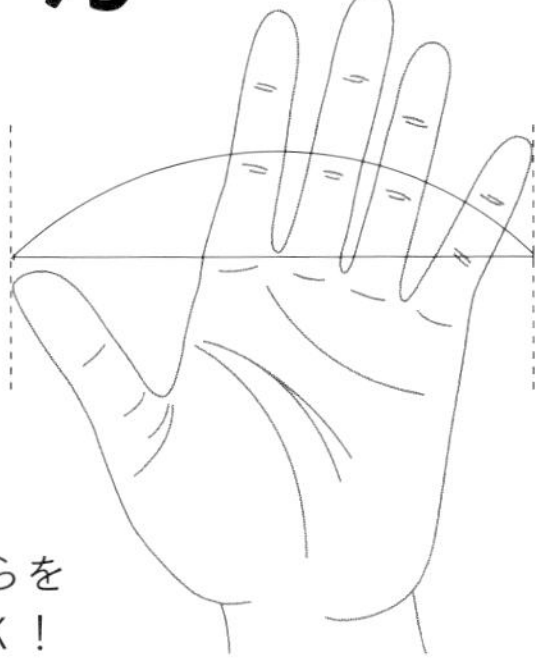

広げた手のひらの
長さは何㎝？
外出先でサイズに
迷ったとき手のひらを
パッと広げればOK！

・体の幅は60㎝…人がスムーズに歩くのに必要な寸法は60㎝。
・体の厚みは45㎝…横向きで歩くなら、人ひとりの横幅は45㎝。
・身長の約1／10…親指と人差し指を直角に開いた時につくられる両指先までの長さ。日本では「あた」と呼ばれ、この長さの1.5倍がその人にあった箸の長さとされている。

自分の体のサイズを知る

体形によって多少の違いはありますが、体のプロポーション（比率）は人間皆ほぼ同じ。

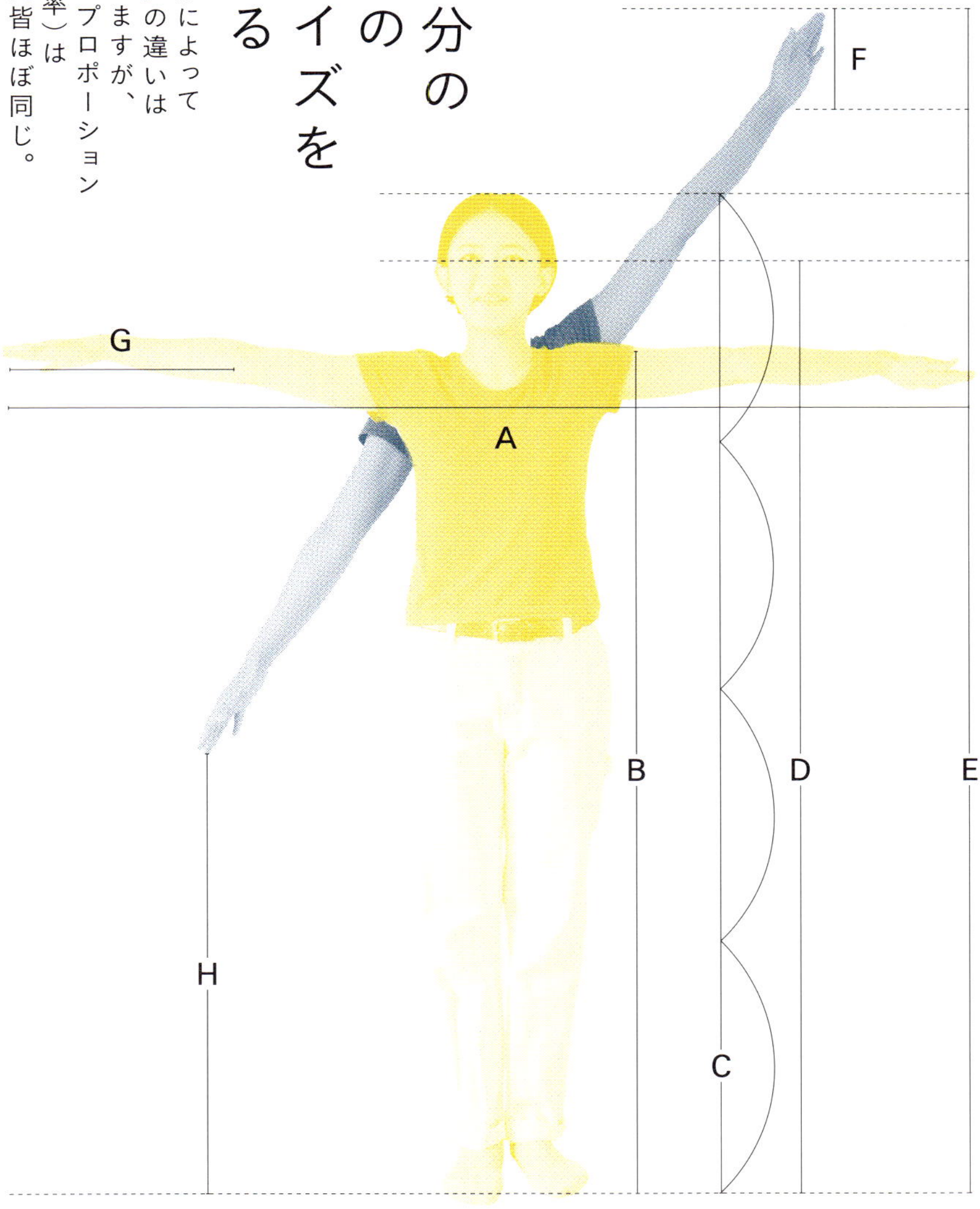

A　両手を水平に広げたときの
中指の先から中指の先まで＝身長とほぼ同じ
B　肩の高さ＝身長×0.8
C　膝の高さ＝身長×0.25（身長の1／4）
D　目の高さ＝身長×0.9
E　手を上げた高さ＝身長×1.2
F　手首から中指の先まで＝15～20㎝
G　肘から中指の先まで＝約40㎝
H　手をおろしたときの
指先までの高さ＝身長×0.4

どこに置くかは使う頻度で決まります

取り出しやすさ、しまいやすさはどこに収めるかで決まります。「使うところに使うモノ」という収納の基本ルールに沿ってそれぞれの場に集めたモノは、「どのくらいの頻度で使っているか」で自然と収納場所は決まってきます。「よく使うもの」は出し入れしやすい高さ。体の範囲で表すと、下ろした指先から目線の高さまでになります。「ときどき使うモノ」、例えばキッチンなら来客用や季節の食器などは、その上下に、「めったに使わないモノ」はさらにその上下に、となります。ただし、収納の工夫次第で「ときどき」を「よく」の後方へ、また「ときどき」を引き手付きの収納ボックスに入れるなどすれば、「めったに」のスペースに置けるようにもなるでしょう。この辺はどうぞフレキシブルに。

スムーズに作業ができるようになると、時間を効率よく使えるようになります。ぜひ両手を広げ、自分のヒューマンスケールからムリなく使いやすい位置が確保されているかをもう一度見直してみてください。

測ってみる

購入した収納グッズが入らなかった！なんてことにならないように、設置スペースを正しく測りましょう。

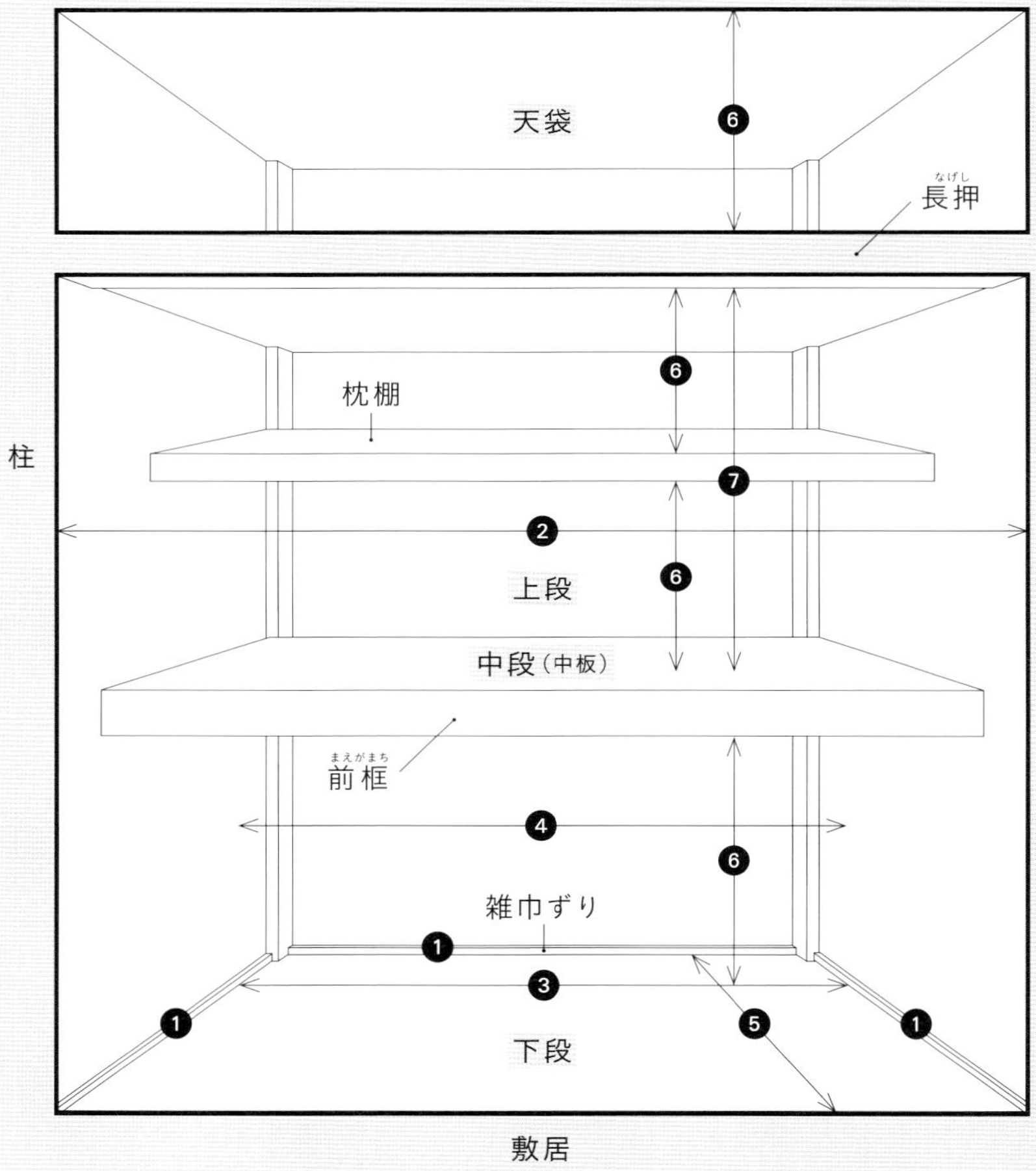

押し入れ

❶雑巾ずり…左右と奥の雑巾ずりの奥行と高さを測り、違いがある場合は大きい寸法に合わせる。

❷柱と柱の間…ふすまを外したときに物を出し入れできる寸法。

❸雑巾ずりと雑巾ずりの間…モノや収納用品が収まる有効寸法。ただし柱の部分は引き出しを置くと開かない。

❹壁と壁の間…押し入れ幅の最大寸。突っぱり棒などを取り付けるときにはこのサイズに。

❺雑巾ずりから敷居手前…モノや収納用品が収まる有効寸法。敷居ギリギリまで収納可。

❻4か所の高さ…下段、上段、天袋、枕棚（あれば）それぞれの床から框までを測る。モノや収納用品を出し入れするときの有効寸法。

❼中段上から天井…枕棚がある場合の採寸。上下の突っぱり棒を入れるときに。

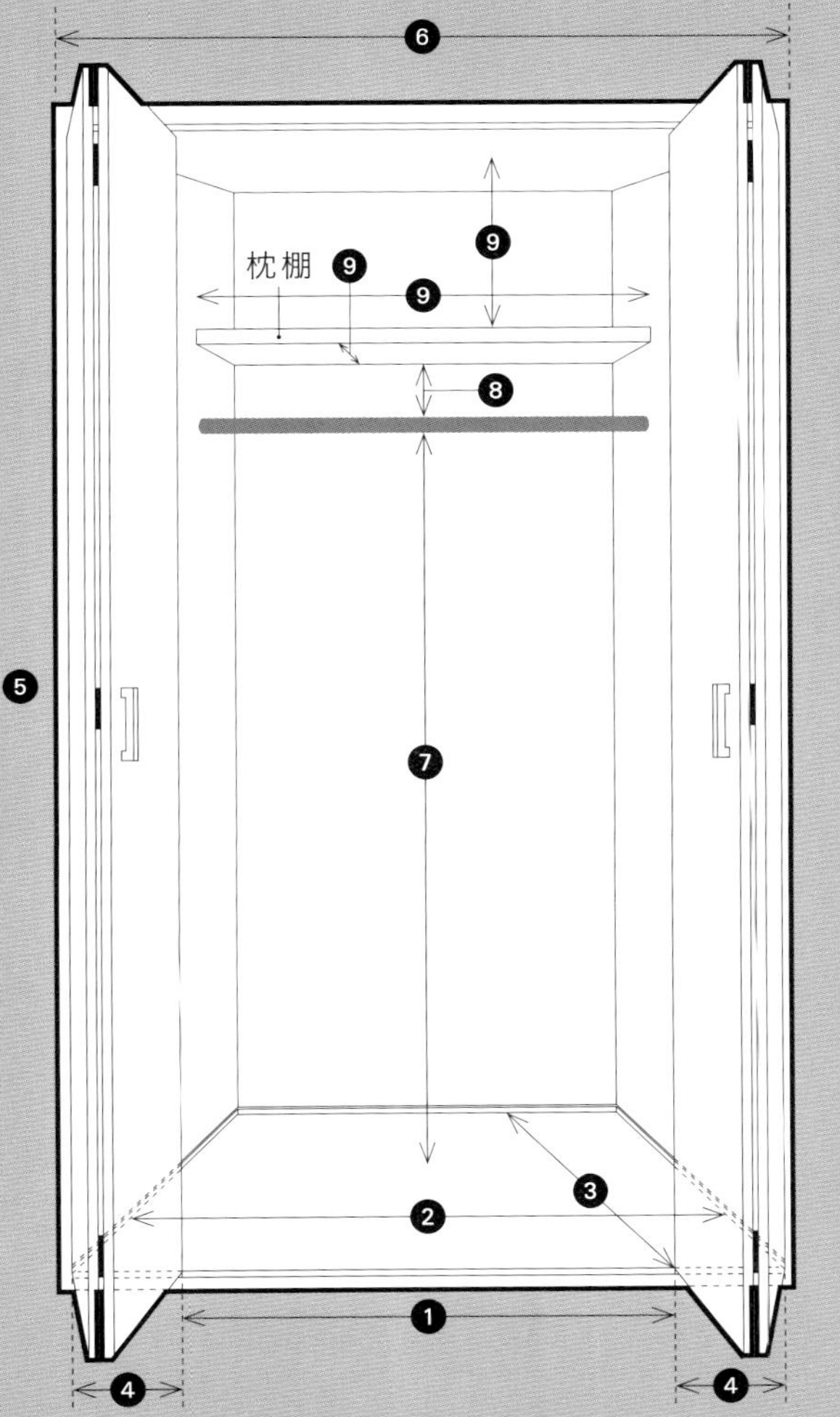

クローゼット

❶間口有効寸法…扉を開けたときに、実際に出し入れできる寸法。引き出しケースを入れるときはこのサイズで。

❷床置き横幅寸法…幅木から幅木までを採寸。どれくらいの幅で収納ケースなどを床置きできるかがわかる。

❸床置き奥行有効寸法…折れ戸を開けた時にクローゼット内に入り込む扉の端まで。床置きの奥行はこのサイズが最大に。

❹折れ戸の厚み…折れ戸を開けた時の厚さを採寸。❷から❹を引いたものが❶。

❺高さの最大寸法…この寸法まで収納可能。ただし枕棚がある部分には収納できない。

❻最大横幅寸法…壁から壁までを採寸。突っぱり棒などを取り付けるときに。

❼パイプまでの高さ…床からパイプ下までを採寸。約170cmが一般的。ロングコートなどをかけてもその下が50cmほど空く。

❽パイプ上の高さ…10cm以上あれば、突っぱり棒などを取り付けることができる。

❾枕棚の幅と奥行、高さ…枕棚にどのくらいのものが置けるかがわかる。梁がある場合はその奥行と高さも採寸。

覚えておくと便利な暮らしのサイズ

押し入れ

間口は通常畳の長辺とおなじ。
奥行は約80cm。
210cm長さのふとんを三つ折りにして収納できる。

ふとん（シングル）

敷きふとん 100cm×210cm
掛けふとん 150cm×210cm
敷いたふとん 150cm×220cm

畳

地方によってサイズがまちまち。「○畳の部屋」と書かれていても、基準となる畳を確認しないと正確な広さはわからない。

- 京間 95.5cm×191cm
- 中京間 91cm×182cm
- 江戸間 88cm×176cm
- 団地サイズ 85cm×170cm
- 琉球畳 82cm×82cm

ダイニングテーブル

1人当たりのテーブル利用面積60cm×40cm
4人掛けのミニマムサイズは
幅120cm以上、奥行80cm以上
6人掛け180cm以上、奥行きは幅が
大きくなるにつれて増える。

収めてみる

用途に合わせて自由に
カスタマイズできる
無印良品の収納用品。
状況にあったアイテム選びの
参考にしていただけるように、
収納量をチェックしてみました。

セーターやTシャツ、ジーンズなどしわが気にならない衣類は、立てて収納が基本。ひと目で何が入っているかがわかり、管理しやすく、出し入れもラク。ムダなスペースができないように、ケースの深さに合わせてたたみます。深さのあるケースに収納する場合、ジーンズなどは2つ折りにしてからくるくると巻いて立てると具合が良い。

キャミソールやレギンスなどたたむとコンパクトになるモノは、浅めのケースに高さを合わせて収納。

基本のたたみ方

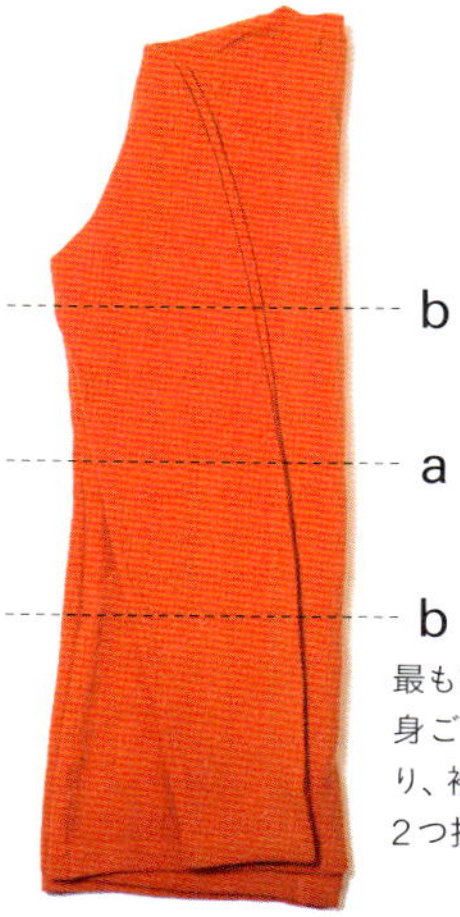

最も簡単なたたみ方は、前身ごろの中央で半分に折り、袖を内側に折り込んで、2つ折り、3つ折りにする。

a 深さのあるケースには、2つ折りがベストサイズ。

b 深さ20cm前後のケースには、3つ折りがぴったり。

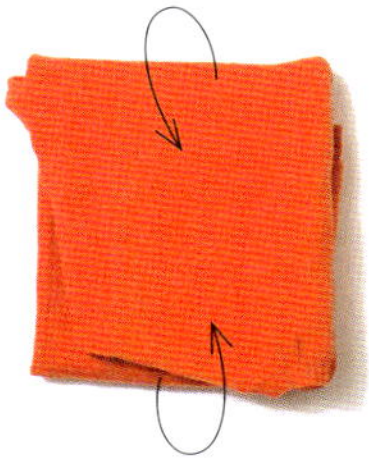

ポリエステル綿麻混・ソフトボックス・浅型・ハーフ

[p.16-09]

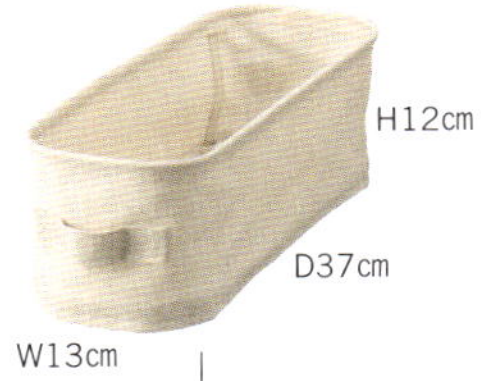

キャミソール、タンクトップなど薄手の衣類12枚。素材の布が伸長するため、オーバー気味の収容量でもクリア。

ポリプロピレンケース・引出式ハーフ・浅型・1個（仕切付）

[p.15-15]

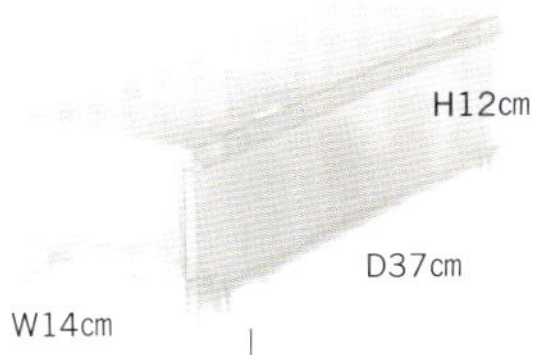

キャミソール、タンクトップなど薄手の衣類8枚。高さはピッタリだが、3つ折りにした分厚みが出て収納量減少。

ポリプロピレンケース・引出式ハーフ・深型・1個（仕切付）

[p.15-14]

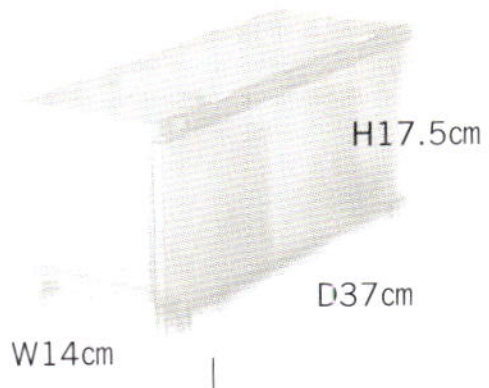

キャミソール、タンクトップなど薄手の衣類12枚。2つ折りにしたが、上部に空きスペースができる。

不織布収納用仕切りケース

小　幅12×奥行38×高さ12cm [p.15-01]、中　幅16×奥行38×高さ12cm [p.15-02]、大　幅24×奥行38×高さ12cm [p.15-03]を、ポリプロピレンクローゼットケース・引出式・小　幅44×奥行55×高さ18cm [p.14-01]にセット。

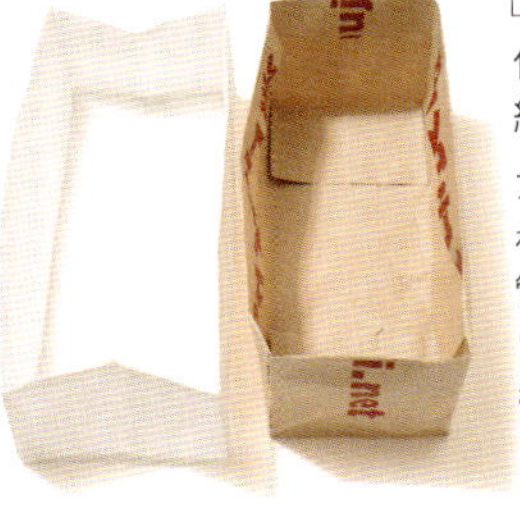

番外編

仕切りケースを紙袋で作る

アイテムの分類、出し入れのしやすさ、所有数の管理などに役立つ仕切りケースを、溜まってしまった紙袋で作る。

ポリプロピレン
クローゼットケース・引出式・深
[p.14-03]

収納数12枚。空きスペースあり。ケースの高さに合わせてたたんだため薄くなった分、収納量が増えた。

収納数18本。空きスペースあり。深さがあるため、巻いたジーンズを仕切りケースに立てて収納。

ポリプロピレン
クローゼットケース・引出式・大
[p.14-02]

収納数12枚。衣装ケースと比べ、詰め込んだ感あり。

収納数16本。セーターに比べ伸張性の乏しいジーンズ類は、ハミダシ2本。

ポリプロピレン
衣装ケース・引出式・大
[p.14-15]

厚手のセーター

収納数12枚。PP収納ケースシリーズで最も奥行のあるアイテム。収納量は多い。

ジーンズ・コットンパンツ

収納数18本。3つ折りにしたものをさらに2つ折り。厚みが出たが、すべて収まった。

ポリエステル綿麻混
ソフトボックス・衣装ケース・大
[p.16-16]

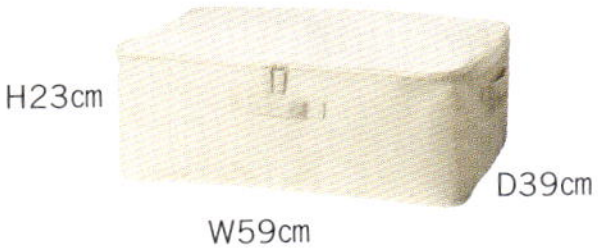

収納数12枚、空きスペースあり。シーズンオフの衣類収納などに最適。ベッド下にも入る高さ。

収納数18本。空きスペースあり。収納量は十分。

ポリプロピレン
収納ケース・引出式・横ワイド・大
[p.14-08]

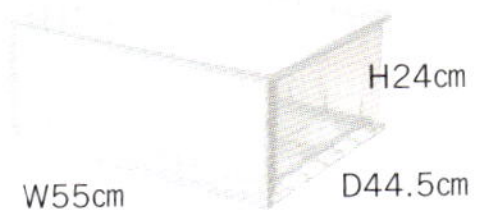

収納数12枚。奥行が浅いため、引き出すと収めたものすべてを見渡せる。収納量も十分。

収納数18本。収めた衣類の間にゆとりがあり、出し入れがスムーズにできる。

ポリプロピレン
収納ケース・引出式・大
[p.14-05]

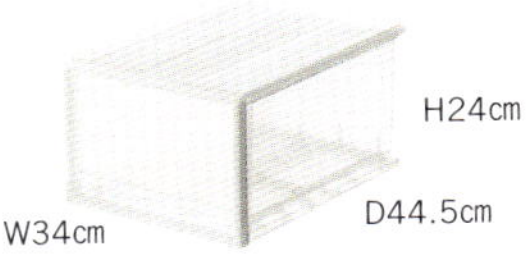

収納数8枚。ハミダシ4枚。セーターの収納より、下着、Tシャツなど薄手の衣類向きと思われる。

収納数12本。ハミダシ6本。かなりのきっちり収納になってしまい、出し入れにストレスがかかりそう。

無印良品へ行こう！

暮らしに必要なモノを探すとき、仕事用にリピート購入しているモノの在庫がなくなったときなどに足を運ぶことが多いのですが、通りがかりに「無印良品」の文字を見ると吸い込まれるように入ってしまったり、旅先でお店があれば必ず立ち寄るなど、私にとって無印良品は生活の一部となっています。

「使い勝手優先のモノづくり」という変わらない魅力の中にも、店頭にはいつも「変化」があることが、週に1回以上のペースで度々訪れてしまう理由です。暮らしの風景や季節感が感じられるディスプレイを見るのも楽しみの一つ。そして登場する新商品には、例えば冷蔵庫のドアポケットに入るようにサイズが見直された冷水筒であるような、買う側のニーズを汲んだ変化が垣間見えます。ムダを削ぎ落して本当に使いやすさを追求した商品は、簡素だけれど心地よく、「これでいい」という満足感を与えてくれます。そして、単純だからこそ、その使い方は「自由」。「これをどうやって使おう」と考えるだけで、楽しくて幸せな気持ちになれるのです。高校生になって初めて足を踏み入れた時も、アルバイトで週に幾度も通っていた頃も、整理収納コンサルタントとして立ち寄るいま現在も、無条件で私をワクワクさせてくれるワンダーランドです。

無印良品のアイテムは、衣食住すべてにわたります。Tシャツ、ペン、ベッド、パスタソース…これらのアイテムが一つのブランドで揃うことは、実は珍しいことに気づきます。「暮らすこと」が好きで、自分以外の人の暮らしにも興味があり、その人が「暮らしたいように暮らせる」場を目指して整理収納サービスを仕事としている私にとって、すべてのモノが暮らしに結びついている無印良品は、唯一無二の存在なのです。

撮影協力

無印良品　有楽町

有楽町店の魅力は何といっても品揃えの豊富さ。そのダイナミックな陳列風景は、アート作品を眺めているような凄みがあります。さらに、広大な空間を生かしたリアルな商品ディスプレイの多彩さも魅力です。

〒100-0005
東京都千代田区丸の内3-8-3 インフォス有楽町 1F～3F
電話 03-5208-8241
営業時間 10時～21時

アクセス
JR山手線・京浜東北線「有楽町駅」下車 京橋口すぐ
東京メトロ有楽町線「有楽町駅」下車 D9出口すぐ
東京メトロ有楽町線「銀座一丁目駅」下車 1出口より徒歩3分
http://www.muji.net/

この本で紹介する
無印良品のアイテム
商品名／価格／紹介ページ

あ

アクリルフレーム・2（A5サイズ用）／¥819／p.54
アルミ洗濯用ハンガー・3本組 約幅41cm／¥320／p.61、111
アルミタオルハンガー・吸盤タイプ
約幅41cm／¥500／p.91、101、102
アルミタオルハンガー用フック
5個入／¥400／p.102
アルミハンガー1段・スラックス／スカート用
約幅35×奥行3×高さ16cm／¥450／p.111

インテリアフレグランスセット
リラックス／¥1,600／p.71

エッセンシャルオイル・ペパーミント
10mℓ／¥1,470／p.49、67
エッセンシャルオイル・ローズマリー
10mℓ／¥1,050／p.49

落ちワタふきん
12枚組・約40×40cm／¥500／p.31

か

小分け袋・アソートタイプ
4サイズ・計11枚入／¥150／p.87

さ

再生紙インデックス・ベージュ・A4サイズ・30穴・5山／¥200／p.44
再生紙インデックス・ベージュ
A5サイズ・20穴・5山／¥147／p.96
再生紙ハンギングホルダー A4サイズ用
5枚・見出しインデックス付／¥525／p.97
再生紙ペーパーホルダー A4サイズ用
5枚入／¥210／p.97

スチール仕切板 小
幅10×奥行8×高さ10cm／¥210／p.35
スチール仕切板 中
幅12×奥行12×高さ17.5cm／¥263／p.78

スチール面に付けられるミラー／¥1,500／p.35

洗濯ネット・大・約直径38cm／¥400／p.102

掃除用品システム・アルミ伸縮式ポール
約直径2.5×長さ68〜116cm／¥390／p.75
掃除用品システム・ほうき
約幅22×奥行3×高さ23cm／¥490／p.75

た

卓上ほうき（ちりとり付き）
約幅16×奥行4×高さ17cm／¥390／p.73、104

超音波アロマディフューザー
直径約80×高さ140mm／¥4,900／p.49、78

電気冷蔵庫・270L
幅60×奥行65.7×高さ141.9cm
（ハンドルは含まず）／¥90,000／p.38
天面にオーブンレンジを置くこともできます。

な

ナイロンメッシュハードケース・大
黒・約19×27cm／¥400／p.87

入浴剤用詰替ジャー 385mℓ／¥300／p.103

は

白磁歯ブラシスタンド
1本用・約直径4×高さ3cm／¥300／p.66

ポリプロピレンカードホルダー
3段・60枚用・サイド収納／¥105／p.87
ポリプロピレンクリアホルダー・サイド収納
A4・20ポケット／¥263／p.44
ポリプロピレン収納ケース用キャスター（4個セット）／¥400／p.35、53、105
ポリプロピレンダストボックス・フタ付（分別タイプ）
大／¥1,900／p.35
ポリプロピレンバインダー A4・30穴／¥473／p.44

ま

マグネット付ラップケース・大
約幅25〜30cm用／¥900／p.35
マイクロファイバーミニハンディモップ
約長さ33cm／¥490／p.35

ら

リフィールクリアポケット A4・30穴
15枚入／¥263／p.44

わ

ワンタッチで組み立てられる
ダンボールスタンドファイルボックス
5枚組 A4用／¥880／p.71

STAFF

AD 三木俊一

デザイン 仲島綾乃（文京図案室）

写真 福岡拓

編集 関澤真紀子、石橋淑美（KADOKAWA）

取材協力 稲留エミマ、岩堀章子、佐藤貴子、古橋友紀江、山口有利子

＊本書に掲載されている情報は、2014年8月現在のものです。商品の価格や仕様などは、変更になる場合もあります。
＊無印良品のアイテムに関しては、無印良品ホームページhttp://www.muji.net/をご確認ください。
＊クレジット表記のある商品については、すべて税込です。
＊価格などが表示されていない私物に関しては、現在入手できないものもあります。
＊本書の収納方法を実践いただく際は、建物の構造や性質、商品の注意事項をお確かめのうえ、自己責任のもと行ってください。
＊上記につきまして、あらかじめご了承ください。

もっと知りたい 無印良品の収納

2014年 9月 5日 初版第1刷発行
2014年11月27日 第5刷発行

著者 本多さおり

発行者 三坂泰二

編集長 藤本絵里

発行所 株式会社KADOKAWA
〒102-8177 東京都千代田区富士見2-13-3
tel 0570-002-301（営業）
年末年始を除く平日10:00〜18:00まで

編集 メディアファクトリー
tel 0570-002-001（カスタマーサポートセンター）
年末年始を除く平日10:00〜18:00まで

印刷・製本 株式会社 廣済堂

ISBN 978-4-04-066968-7 C0077

Printed in Japan
http://www.kadokawa.co.jp/

本多さおり

その人の暮らしや性格を第一に考え、頑張らなくても片付けが続く方法を提案する整理収納コンサルタント。
2010年にはじめたブログ「片付けたくなる部屋づくり」では、自宅の収納術や、顧客先のbefore-afterなどを紹介し人気を呼ぶ。このブログを元にできた著書『片付けたくなる部屋づくり』（ワニブックス）は10万部を突破。学生時代から無印良品を敬愛し、収納用品はもちろんのこと、暮らしまわりの衣食住アイテム全般にわたり、愛用品は数知れない。好きが高じて「無印良品」の店舗スタッフに従事していた経験あり。実際に愛用しているからこそ、顧客には自信を持って無印良品のアイテムを勧めてきた。本書はその「無印愛」と収納術を余すことなく伝えた、著者念願の一冊。

「本多さおり official web site」http://hondasaori.com/
ブログ「片付けたくなる部屋づくり」http://chipucafe.exblog.jp/